Kürbis
Löwenzahn
Kardonen

Kürbis Löwenzahn Kardonen

Liebhaberrezepte
für fast vergessene
Gemüse

Text
Élisabeth Scotto
Fotografie
Christine Fleurent
Stylistin
Marie-France Michalon

Christian Verlag

INHALT

EINFÜHRUNG

Die ersten Menschen unseres Planeten ernährten sich von Wurzeln und Beeren. Bald lernten sie, gute Nahrung von giftiger zu unterscheiden. Und jener Tag, an dem der Mensch sich nicht mehr mit dem Sammeln begnügte, als ihm klar wurde, daß er auch Früchte anbauen und ernten konnte, markiert zweifelsohne den Beginn seiner Herrschaft über die Erde. Er wurde zum *Homo sapiens*, dem weisen Menschen.

Wir haben gelernt, die Nahrung, die die Erde hervorbringt, zu schätzen. Wir machen uns zwar, außer zu unserem Vergnügen, nicht mehr auf, um irgendwelche zweifelhaften Beeren zu sammeln. Wir kaufen Gemüse, Wurzeln, Knollen, Blüten, Früchte oder Blätter auf dem Markt und bereiten sie nach althergebrachten oder dem Zeitgeschmack angepaßten Rezepten zu.

Gemüsepflanzen wuchsen schon in den Gärten Babylons. Doch lange Zeit wurde dem Gemüse eine nur wenig dankbare Rolle zugedacht, und es diente eigentlich nur als Grundlage für eine Armensuppe. Erst in der Renaissance, mit Catharina von Medici, die aus dem benachbarten Italien nach Frankreich kam, gewann es wieder den Rang, den es zugunsten des Fleisches, des Nahrungsmittels der Reichen, verloren hatte. Kardone, Oca, Topinambur, Karotte, Pastinake, Rübe, Hafer- und Schwarzwurzel zogen in die Gemüsegärten des Königs in Versailles ein. Welche Vielzahl von Sorten ist doch im 19. Jahrhundert in dem berühmten Pflanzenkatalog der Gärtnerei Vilmorin-Andrieux noch zu finden: mehr als zweihundert übliche Gemüsesorten sind darin verzeichnet.

Die beiden Weltkriege, vor allem aber der Zweite, bremsten diese Entwicklung. Die Wirtschaft war geschwächt, die Versorgungslage unsicher. Satt wurde nur, wer wilde Gemüse sammelte oder auf Bauernhöfen kaufen oder tauschen konnte. Das bedeutete das Ende der Vielfalt. Es kam die Zeit der Rüben und anderer Wurzeln, die wie Unkraut wachsen und Mensch und Tier gleichermaßen ernähren können. Als wieder Frieden herrschte, hatte man diese Gemüse, Symbol der Hungerjahre, natürlich satt. Man wandte sich dem Anbau leicht und kostengünstiger zu kultivierender Gemüse zu: Kartoffeln, Karotten, Lauch. Doch schon bald brach für manch vergessenes Gemüse eine neue Blütezeit an. Die Lust, einen Geschmack aus der Kindheit wiederzuentdecken, ein Gericht, das man am anderen Ende der Welt gegessen hatte, hier nachzukochen oder irgendeinen zufällig auf dem Markt entdeckten, merkwürdigen Salat zu probieren, trug zum neuen Erfolg vieler Gemüse bei. Unterstützt wurde dieser Trend von den Ernährungswissenschaftlern, die dem Gemüse für unsere Ernährung schon immer den Vorrang gegeben haben.

Fortan war nicht mehr daran zu denken, sich nur mit Karotten zu begnügen: seltene, alte, inzwischen vergessen geglaubte Gemüse halten wieder Einzug. Rauke, Portulak oder Kardone, die nur noch in wenigen Gegenden gegessen wurden, sind wieder auf unseren Märkten zu finden. Der schöne und knackige Eisbergsalat kehrte nach einem kurzen Exil in den USA zurück nach Europa. Andere, ausgesprochen schmackhafte Gemüsesorten machen unsere Tische wieder einladender: Tomaten, wie die stark gerippten, ungleichmäßig geformten Sorten, die aus den Anden stammen, oder die Vielzahl von Kürbissen mit ihren unterschiedlichen Farben und Geschmacksrichtungen.

Wenn Sie irgendwo auf Ihrem Markt einen seltsam aussehenden Salat, eine pausbäckige, grün und rot gefleckte Tomate, einen Kürbis mit einer Schale wie eine Wassermelone, eine zartgrüne Paprikaschote, eine hellblonde Ziestknolle oder einen erdigen Topinambur entdecken, dann lassen Sie sich doch von Ihrer natürlichen Neugier verführen: Greifen Sie zu, und kosten Sie!

Kürbisse

Kürbisse gehören zur Familie der *Cucurbitaceae*, ebenso wie Zucchini oder Gurke, ihre im Kapitel der Fruchtgemüse einsortierten Cousinen. Eine weitläufige, unüberschaubare Familie, in die erst der französische Botaniker Antoine Nicolas Duchesne etwas Ordnung gebracht hat: Er unterschied Früchte mit rundem Stil, *Cucurbita maxima* oder Riesenkürbis, und solche mit eckigem Stil, *Cucurbita pepo*, der Gemüse- oder Gartenkürbis. Die Riesenkürbisse sind sicher die schwersten Früchte des Pflanzenreichs. Der Rekord wurde mit einem Exemplar von hundert Kilo und mehr als einem Meter Durchmesser erreicht. Die *Cucurbitaceae* stammen vom amerikanischen Kontinent. Spuren des *Cucurbita pepo* beispielsweise finden sich um 1200 vor unserer Zeit in Peru. Tatsächlich stammen die meisten Kürbisarten, die wir heute kennen, aus Mittelamerika, besonders aus Mexiko, sowie aus Südamerika. Sie passen sich unserem Klima perfekt an und gedeihen hier prächtig.

FEIGENBLATTKÜRBIS

Das weiß-glänzende Fruchtfleisch, das mit dicken, schwarzen Kernen durchsetzt ist, macht den Feigenblattkürbis zu einer Besonderheit. Seine Heimat ist Mexiko, kultiviert wird er aber in Asien und Südamerika. Kocht man den ganzen Kürbis in Wasser wie den Spaghettikürbis, dann läßt sich sein Fruchtfleisch segmentweise auslösen und ergibt mit Zucker, Zimt und Vanille eine köstliche Konfitüre.

Feigenblattkürbis in Sirup mit vier Gewürzen

Für 4 Personen
Vorbereitung: 20 Minuten
Garzeit: 20 Minuten

◆

800 g Feigenblattkürbis, ohne Schale
200 g Zucker
2 Vanilleschoten
2 Sternanis
2 Zimtstangen
2 Muskatblüten

1. Das Kürbisfleisch grob würfeln, die Kerne dabei entfernen.
2. Den Zucker mit den vier Gewürzen und 100 ml Wasser in einen Topf geben. Die Flüssigkeit zum Kochen bringen, dann die Kürbiswürfel zugeben. Etwa 20 Minuten garen, bis das Kürbisfleisch weich ist und transparent wirkt.
3. Die Kürbisstückchen aus dem Sud heben und abtropfen lassen. Die Flüssigkeit sirupartig einkochen, anschließend abkühlen lassen – dabei geliert sie etwas.
4. Die Kürbiswürfel in einer großen oder in vier Portionsschalen anrichten und mit dem Sirup überziehen. Gut gekühlt servieren.

Patisson

Weiß, orange, grün oder grün und weiß gesprenkelt: Es gibt viele Sorten des Patisson, auch bekannt als Bischofsmütze oder Squash. Die Mini-Patissons sind so klein, daß sie nach dem Kochen sogar unzerteilt serviert werden können, während die größeren, fleischigen Patissons am besten ausgehöhlt, gefüllt und anschließend überbacken werden. Das Fruchtfleisch des Patisson besitzt ein moschusartiges Aroma, besonders das der stark farbigen Sorten. Sein Geschmack ähnelt deutlich dem der Artischocke.

Patisson gefüllt mit Frischkäse

Für 6 Personen
Vorbereitung: 30 Minuten
Garzeit: 35 Minuten

◆

12 kleine Patissons
250 g frische *Brousse de Brébis*
(Frischkäse aus Schafsmilch), ungesalzene
Ricotta oder korsischer *Broccio*
400 g reife Tomaten
20 g sehr fein geriebenes Weissbrot
15 g frisch geriebener Parmesan
1 Esslöffel Pinienkerne
30 g Korinthen
1 Esslöffel Schnittlauchröllchen
1 Vogelaugen-Chili
1 Knoblauchzehe
2 Esslöffel kaltgepresstes Olivenöl
Salz
und frisch gemahlener Pfeffer

1. In die Patissons kleine Deckel schneiden. Die Kerne und die Fasern in der Mitte entfernen. Die Kürbisse in 15 Minuten halbgar dämpfen. Anschließend mit einem Löffel so aushöhlen, daß ein etwa ein Zentimeter starker Rand stehenbleibt. Das Kürbisfleisch zur Seite stellen.
2. Für die Füllung den Frischkäse in einer Schüssel mit einer Gabel zerdrücken und mit dem geriebenen Weißbrot, Parmesan, Korinthen, Pinienkernen, Schnittlauch, etwas Salz und Pfeffer gut mischen. Das ausgelöste Fruchtfleisch der Patissons zugeben.
3. Nach dem Erkalten der Patissons diese innen mit Küchenpapier gut trockentupfen. In jeden Patisson soviel Farce füllen, daß eine kleine Haube entsteht. Dann die ausgeschnittenen Deckel aufsetzen.
4. Die Tomaten 10 Sekunden in kochendes Wasser tauchen, unter fließendem kaltem Wasser abspülen und die Haut abziehen. Die Tomaten halbieren und die Kerne entfernen. Das Fruchtfleisch in kleine Würfel schneiden. Die Knoblauchzehe schälen, von dem eventuell vorhandenen Keim befreien und in feine Scheibchen schneiden.
5. Die Tomaten in eine beschichtete Pfanne mit hohem Rand oder einen Schmortopf von etwa 28 cm Durchmesser geben. Die Chilischote in einem Mörser zerreiben und mit den Knoblauchscheibchen, dem Öl, Salz, Pfeffer und 3 Eßlöffeln Wasser zu den Tomaten geben. Alles zum Kochen bringen. Die vorbereiteten Patissons nebeneinander in die Pfanne setzen. Bei schwacher Hitze zugedeckt 20 Minuten garen.
6. Die Patissons aus der Pfanne heben und auf einer Platte arrangieren. Lauwarm mit der Tomatensauce servieren.

Patisson mit Meeresfrüchtesalat

Für 4 Personen
Vorbereitung: 20 Minuten
Garzeit: 30 Minuten

◆

1 grüner oder weisser Patisson (800 g)
200 g Krabbenfleisch
1 Fenchelknolle
1 Kopf Radicchio
2 Esslöffel kleine schwarze Oliven aus Nizza
2 Esslöffel Zitronensaft
1 Teelöffel Balsamessig
4 Esslöffel fruchtiges kaltgepresstes Olivenöl
Salz
und frisch gemahlener Pfeffer

1. Den Patisson in einen Topf geben und mit Wasser bedecken. Zum Kochen bringen und etwa 30 Minuten kochen lassen. Er sollte nicht zu weich werden.
2. In der Zwischenzeit Radicchio und Fenchel in feine Streifen schneiden. Den Zitronensaft mit Essig und Öl verschlagen, mit Pfeffer und Salz abschmecken. Die Krabben mit dieser Vinaigrette mischen.
3. Den gekochten Patisson abtropfen lassen und ungefähr eine Viertelstunde warten, bis er etwas abgekühlt ist. Dann aufschneiden, so daß ein Deckel entsteht. Die Kerne entfernen. Das Fruchtfleisch auslösen und würfeln. Abkühlen lassen und mit den Krabben vermischen.
4. Den Patisson mit Salat und Fenchel auslegen, die Krabben mit der Vinaigrette und dem Kürbisfleisch hineingeben. Mit Oliven garnieren und servieren.

Mini-Patissons mit Honigkuchen

Für 4 Personen
Vorbereitung: 20 Minuten
Garzeit: 30 Minuten

◆

16 gelbe und grüne Mini-Patissons
150 g Zucker
Schale einer Orange
Schale einer Zitrone
2 Vanilleschoten
2 Zimtstangen
6 Gewürznelken
6 feine Scheiben frischer Ingwer
4 Stück Honigkuchen

1. In einen ausreichend großen Topf 100 ml Wasser geben, den Zucker, Orangen- und Zitronenschale, den Ingwer und die Gewürze hinzufügen. Alles zum Kochen bringen und die Patissons zugeben. Etwa 20 Minuten kochen, bis die Mini-Kürbisse gar sind: Sie müssen sich mit einem Messer leicht einstechen lassen.
2. Die Patissons aus der Garflüssigkeit nehmen, sehr gut abtropfen lassen und anschließend in eine Schüssel geben.
3. Die Flüssigkeit einkochen lassen, bis etwa 100 ml aromatischer Sirup übrigbleiben. Über die Patissons geben und alles abkühlen lassen.
4. Die Patissons entweder bei Zimmertemperatur oder gut gekühlt servieren. Dazu die Honigkuchen reichen.

Spaghettikürbis

Das Besondere an dieser Kürbisart ist, daß sich ihr Fruchtfleisch nach dem Kochen in spaghettiähnliche Fasern löst. Dazu wird der Kürbis im ganzen ziemlich lange gekocht. Danach halbiert man ihn, entfernt die Kerne und löst das Fruchtfleisch aus – schon hat man Spaghetti mit einem köstlichen Kürbisgeschmack.

Kürbisspaghetti mit Speckstreifen

Für 6 Personen
Vorbereitung: 20 Minuten
Garzeit: 1 Stunde

◆

1 Spaghettikürbis (1 kg)
200 g Räucherspeck in feinen Scheiben
50 g frischer Parmesan
2 Stengel Basilikum
100 ml kaltgepresstes Olivenöl
Frisch geriebene Muskatnuss
Salz und frisch gemahlener Pfeffer

1. Den Kürbis in einen ausreichend großen Topf geben, mit Wasser bedecken und zum Kochen bringen. Bei kleiner Hitze 1 Stunde kochen lassen. Dabei schwimmt der Kürbis und dreht sich in alle Richtungen. So wird er gleichmäßig gar.
2. In der Zwischenzeit den Parmesan mit einem Sparschäler in feine Späne hobeln.
3. Die Speckscheiben in feine Streifen schneiden. In einer kleinen Pfanne 1 Eßlöffel Öl erhitzen und die Speckstreifen darin goldbraun braten. Auf Küchenpapier abtropfen lassen.
4. Durch Fingerdruck prüfen, ob der Kürbis gar ist: Die Schale muß leicht nachgeben. Den Kürbis abtropfen lassen und halbieren. Die Kerne und die feinen Fasern aus der Mitte entfernen. Das Fruchtfleisch in feinen Spaghetti auslösen. In eine vorgewärmte Schüssel geben, das restliche Öl darüberträufeln. Salzen, pfeffern, eine Spur Muskat zugeben und alles vermischen.
5. Die Speckstreifen hinzufügen und vorsichtig unterheben. Mit Parmesan und gehacktem Basilikum bestreuen und sofort servieren.

Tristar und Eichelkürbis

Unter einer schiefergrauen, sehr harten Schale verbirgt der Tristar, ein deutlich dreigeteilter Kürbis, sein festes und sehr süßes Fleisch. Er eignet sich gut für Gebäck und läßt sich an einem kühlen Ort lange aufbewahren. Der Eichelkürbis ähnelt dem Pfefferkürbis, doch seine Schale ist eher orangefarben oder gelb. Sein saftiges Fruchtfleisch ist sehr schmackhaft.
Der Goldapfel ist ein kleiner, gelber, kugeliger Kürbis, der am besten im ganzen gekocht wird.

Goldapfel mit Tomaten-Basilikum-Vinaigrette

Für 4 Personen
Vorbereitung: 10 Minuten, 30 Minuten im voraus
Garzeit: 30 Minuten

◆

4 kleine Goldapfel-Kürbisse
6 Esslöffel kaltgepresstes Olivenöl
2 Esslöffel Sherryessig
2 Schalotten
1 Knoblauchzehe
250 g reife Tomaten
1 Bund Basilikum
Salz und frisch gemahlener Pfeffer

1. Die Kürbisse in einen Topf geben, mit Wasser bedecken und zum Kochen bringen. Bei schwacher Hitze eine halbe Stunde köcheln lassen. Dabei schwimmen die Kürbisse und drehen sich im Wasser. So werden sie gleichmäßig gar.
2. In der Zwischenzeit die Tomaten 10 Sekunden in kochendes Wasser tauchen, dann unter fließendem kaltem Wasser abschrecken und die Haut abziehen. Halbieren, die Kerne entfernen und das Fruchtfleisch fein hacken. Die Schalotten schälen und ebenfalls fein hacken.
3. Aus Öl, Essig, Salz und Pfeffer eine Vinaigrette bereiten. Die Knoblauchzehe schälen, durch eine Knoblauchpresse drücken und mit dem fein geschnittenen Basilikum und den gehackten Tomaten zugeben. Alles gut mischen.
4. Nach einer halben Stunde prüfen, ob die Kürbisse gar sind: Die Schale muß auf Fingerdruck leicht nachgeben. Abtropfen lassen und zum Abkühlen eine halbe Stunde zur Seite stellen.
5. Die Kürbisse halbieren. Alle Kerne und feinen Fasern aus der Mitte entfernen. Die Tomaten-Basilikum-Vinaigrette in die Mitte geben. Die Kürbisse werden wie Avocados ausgelöffelt.

PFEFFERKÜRBIS

Mit den Kürbisgewächsen zeigt die Natur, wie vielfältig sie ist. Welch erstaunliche Formen und Farben Kürbisse haben können! Die Schale der rötlichen Kürbissorte ›Brodée galeuse d'Esynes‹ wirkt wie bestickt, ›Marina di Chioggia‹ ist flachrund mit wulstigen Rippen, der ›Cou tors d'été‹ gleicht dem Butternußkürbis, doch ist seine korallenrote Schale über und über mit kleinen Warzen bedeckt. Daneben gibt es einen gerippten, kräftig grünen Kürbis aus Peru mit pistaziengrünem Fruchtfleisch, und dann gibt es den Pfefferkürbis.
Dieser hübsche, herzförmige Kürbis mit zarten Rippen kann strohgelb oder auch dunkelgrün, ja fast schwarz sein. Unter seiner harten Schale verbirgt er korallenrotes, süßes, nußartiges Fruchtfleisch, das köstlich als Dessert schmeckt.

BUTTERNUSSKÜRBIS

Dieser Kürbis hat nur wenige Kerne. Sein Fruchtfleisch zergeht auf der Zunge wie Butter, daher der Name. Der Geschmack ist nußartig und nur leicht süß. Aus dem Butternußkürbis lassen sich exzellente Pürees, köstliche Cremesuppen und schmackhafte Gratins bereiten.

Kürbiskonfitüre

Für etwa 1 kg Konfitüre
Vorbereitung: 20 Minuten, 1 Stunde im voraus
Garzeit: 40 Minuten

◆

700 G FRUCHTFLEISCH EINER BELIEBIGEN KÜRBISSORTE
500 G ZUCKER
3 VANILLESCHOTEN
3 ZIMTSTANGEN
3 MUSKATBLÜTEN
1 GESTRICHENER TEELÖFFEL GERIEBENE MUSKATNUSS

1. Das Kürbisfleisch grob würfeln und in einen Marmeladenkochtopf oder einen anderen großen Edelstahltopf geben. Den Zucker und die Gewürze hinzufügen und alles etwa 1 Stunde ziehen lassen, damit der Zucker sich auflösen kann.
2. Die Kürbismischung bei starker Hitze zum Kochen bringen. Etwa 40 Minuten kochen lassen. Dabei häufig umrühren. Die Konfitüre ist fertig, wenn sie bernsteinfarben glänzt.
3. Abkühlen lassen und in Gläser füllen. Die Kürbiskonfitüre hält sich im Kühlschrank mehrere Monate.

POTIMARRON

Mit etwa anderthalb Kilogramm ist dies ein eher kleiner Kürbis. Seine Schale und sein Fleisch sind leuchtend orangerot, und der Geschmack erinnert deutlich an Maronen, daher auch sein Name. Der Potimarron eignet sich besonders für Desserts, Mousses und Kuchen aller Art. Sein Ursprung ist in China zu suchen.

Potimarron-Suppe

Für 4 Personen
Vorbereitung: 10 Minuten
Garzeit: 30 Minuten

◆

1 POTIMARRON (1 KG)
½ LITER MILCH
2 SCHEIBCHEN FRISCHER INGWER
2 GEWÜRZNELKEN
SALZ

◆

Zum Servieren:
100 ML SAHNE
ZERSTOSSENER PFEFFER
SCHNITTLAUCHRÖLLCHEN
4 PRISEN FRISCH GERIEBENE MUSKATNUSS

1. Den Potimarron halbieren und die Kerne entfernen. Das Fruchtfleisch auslösen und würfeln. Ingwer und Nelken in einem Stück Gaze zu einem Säckchen zusammenbinden.
2. In einen Topf mit 4 Liter Fassungsvermögen die Milch, mit den Kürbiswürfeln, dem Gazesäckchen und etwas Salz zum Kochen bringen. Bei schwacher Hitze zugedeckt 30 Minuten köcheln lassen. Dabei mehrmals umrühren.
3. Die Gewürze entfernen und den Topfinhalt im Mixer pürieren, bis eine sämige Suppe entsteht.
4. Die Suppe in eine Terrine füllen, und die Sahne in die Mitte gießen. Mit dem Schnittlauch garnieren, Pfeffer und Muskatnuß zugeben. Sofort servieren.

Kürbis-Gnocchi

Für 8 Personen
Vorbereitung: 30 Minuten
Garzeit: 30 Minuten

◆

1 kg Fruchtfleisch einer beliebigen Kürbissorte
300 g Mehl
1 Ei
2 Esslöffel Olivenöl
Salz und frisch gemahlener Pfeffer

◆

Zum Servieren:
100 ml Sahne
50 g Butter
12 Blättchen Basilikum
Frisch geriebener Parmesan

1. Das Kürbisfleisch grob würfeln und in den Locheinsatz eines Dampfkochtopfs geben. Über kochendem Wasser 10 bis 15 Minuten dämpfen, bis das Fruchtfleisch sehr weich ist.
2. Das Kürbisfleisch in einem Sieb sehr gut abtropfen lassen, es sollte so trocken wie möglich sein. Das Kürbisfleisch in eine Schüssel passieren. Das Ei, Öl, Pfeffer und Salz zugeben. Das Mehl nach und nach hineinsieben. Mit einem Rührlöffel zu einer gleichmäßigen Masse verarbeiten. Dann mit den Händen kneten, bis ein glatter Teig entsteht, der sich leicht von den Fingern löst. Je nach Mehlsorte braucht man mehr oder weniger als 300 Gramm.
3. Aus dem Teig 1 cm dicke Stränge formen, diese in 1,5 cm lange Stücke schneiden. Eine Gabel mit Mehl bestäuben und mit der runden Seite nach oben auf die Arbeitsfläche legen. Jedes Teigstück mit dem bemehlten Zeigefinger von der Spitze zum Stil über die Gabelzinken rollen. Die Gnocchi nebeneinander auf ein Tuch legen.
4. Die Sahne in einem Topf zum Kochen bringen. Butter zugeben. Sobald sie geschmolzen ist, den Topf vom Feuer nehmen. Die Mischung in eine Schüssel gießen und mit fein geschnittenen Basilikumblättchen vermischen.
5. In einem großen Topf Wasser zum Kochen bringen. Salzen und die Gnocchi hineingeben. Sobald sie an die Oberfläche kommen, das dauert 2 bis 3 Minuten, die Gnocchi aus dem Wasser heben, abtropfen lassen und zu der Sauce in die Schüssel geben. Alles gut mischen und sofort servieren. Dazu den Parmesan reichen.

Kürbis-Beignets

Für 4 Personen
Vorbereitung: 10 Minuten
Garzeit: 10 Minuten

◆

150 g Mehl
150 g Fruchtfleisch einer beliebigen Kürbissorte
125 ml Wasser
Frisch gehackte Chilischote oder gemahlener Cayennepfeffer
Etwas geriebene Limettenschale
1 Päckchen Backpulver
½ Teelöffel Zucker
½ Teelöffel feines Meersalz
Öl zum Ausbacken

1. Mehl und Backpulver in eine Schüssel sieben, Salz und Zucker zugeben. Wasser zugießen. Dabei schlagen, bis ein glatter Teig entsteht.
2. Das Kürbisfleisch auf einer Gemüsereibe grob raspeln. In die Schüssel zu dem Teig geben und vermischen. Dabei die Chilischote und die Limettenschale zugeben.
3. In einer Friteuse oder einem großen Topf soviel Öl erhitzen, daß es mindestens 5 cm hoch den Boden bedeckt. Mit Teelöffeln kleine Beignets formen und in das heiße Öl geben. Wenn diese an die Oberfläche steigen, weiterfritieren, bis sie goldbraun geworden sind. Mit einem Schaumlöffel aus dem Topf heben und auf Küchenpapier abtropfen lassen.
4. Kleine Holzspieße in die Beignets stecken und sofort servieren.

Türkenturban

Seine charakteristische Form und die Farbenvielfalt seiner Schale macht den Türkenturban sicher zu einem der schönsten Kürbisse. Er wird auch als Türkenmütze oder Türkenbundkürbis bezeichnet. Wegen seines leicht mehligen und sehr süßen Fruchtfleisches eignet er sich sehr gut für Kuchen.

Kürbiskuchen mit Mandeln

Für 6 Personen
Zubereitung und Backzeit: 1 Stunde, 15 Minuten im voraus

◆

700 g Fruchtfleisch einer beliebigen Kürbissorte
3 Esslöffel Akazienhonig
50 g Zucker
50 g gemahlene Mandeln
1 gestrichener Esslöffel Speisestärke
1 unbehandelte Zitrone
1 unbehandelte Orange
3 Eier

◆

Für die Form:
Ein kleines Stück Butter

1. Wasser in einem Dampfkochtopf zum Kochen bringen. Das Kürbisfleisch würfeln und in den Locheinsatz geben. Über das kochende Wasser hängen und 15 bis 20 Minuten dämpfen, bis das Kürbisfleisch sehr weich ist.
2. In der Zwischenzeit die gemahlenen Mandeln unter Rühren in einer großen beschichteten Pfanne leicht bräunen. Abkühlen lassen.
3. Den Backofen auf 140 °C vorheizen. Zitrone und Orange waschen, trockenreiben und die Schale abreiben. Eine beschichtete Kuchenform oder eine ofenfeste Porzellanform mit 24 cm Durchmesser mit der Butter ausstreichen. Das Kürbisfleisch fein pürieren.
4. In einer Schüssel Eier und Zucker so lange schlagen, bis die Masse weißlich wird und ihr Volumen verdoppelt hat. Den Honig zugeben und die Speisestärke hineinsieben. Wieder schlagen. Die geriebenen Zitrusschalen, die gerösteten Mandeln und das Kürbispüree unterheben, aber nicht rühren.
5. Den Teig in die Form geben und 50 Minuten backen. Dann aus dem Ofen nehmen und in der Form abkühlen lassen.

Den Kuchen zimmerwarm oder gut gekühlt, am besten nach zwölf Stunden im Kühlschrank, servieren.

Kürbisrisotto

Für 4 Personen
Vorbereitung: 15 Minuten
Garzeit: 30 Minuten

◆

250 G ITALIENISCHER REIS
250 G FRUCHTFLEISCH EINER BELIEBIGEN KÜRBISSORTE
100 ML TROCKENER WEISSWEIN
1 LITER HÜHNERBRÜHE
20 G FRISCH GERIEBENER PARMESAN
1 ZWIEBEL (50 G)
50 G BUTTER
4 PRISEN GEMAHLENER ZIMT
SALZ
UND FRISCH GEMAHLENER PFEFFER

1. Das Kürbisfleisch in Würfel von ½ cm Kantenlänge schneiden. Die Zwiebel schälen und fein hacken.
2. Die Hälfte der Butter in eine beschichtete Pfanne mit 24 cm Durchmesser geben. Die Zwiebel 1 Minute glasig dünsten, dann die Kürbiswürfel zugeben. Unter Rühren 5 Minuten garen.
3. Den Reis hineinstreuen. Salz, Pfeffer und Zimt zugeben, dabei ständig weiterrühren. Erst wenn der Reis glasig ist, den Wein angießen. Verdampfen lassen.
4. Die Brühe nacheinander in fünf bis sechs Portionen zugeben. Der Reis muß die Brühe immer erst ganz aufnehmen, bevor neue zugegossen wird.
5. Nach etwa 20 Minuten ist der Reis gar. Vom Herd nehmen. Die restliche Butter hineingeben und gut vermischen. Den Parmesan zugeben und noch einmal kurz umrühren.
6. Den fertigen Risotto vor dem Servieren zugedeckt 3 Minuten ruhen lassen.

Kürbispüree mit Olivenöl und Crème fraîche

Für 4 bis 6 Personen
Vorbereitung: 15 Minuten
Garzeit: 20 Minuten

◆

1 kg Fruchtfleisch einer beliebigen Kürbissorte
100 ml Crème fraîche
3 Esslöffel kaltgepresstes Olivenöl
Salz

1. In einem Dampfkochtopf Wasser zum Kochen bringen. Das Kürbisfleisch in Würfel von etwa 4 cm Kantenlänge schneiden. In den Siebeinsatz des Dampfkochtopfs geben und salzen.
2. Den Siebeinsatz über das Wasser setzen, den Topf zudecken und die Kürbiswürfel etwa 20 Minuten dämpfen, bis sie sehr weich geworden sind.
3. Die Kürbiswürfel in einem Sieb sehr gut abtropfen lassen. Das Kürbisfleisch sollte so trocken wie möglich sein. Die abgekühlten Kürbiswürfel in einen Mixer geben und pürieren. Dabei die Crème fraîche hinzufügen. Weitermixen und das Öl in feinem Strahl zugeben.
4. Das Püree bei sehr schwacher Hitze im Wasserbad, über Dampf oder besser noch im Mikrowellenherd erwärmen. Sofort servieren.

Dieses Püree reicht man zu Geflügelgerichten (Hähnchen, Poularde, Pute oder Ente), aber auch zu anderen gebratenen Fleischgerichten. Sein Geschmack harmoniert gut mit dem von Maronen, und beide schmecken besonders gut mit dem Bratensaft von Geflügel.

Kürbis-Tarte

Für 6 Personen
Zubereitungs- und Backzeit: 1½ Stunden,
3½ Stunden im voraus

◆

Für den Teig:

100 g Mehl
20 g gemahlene Mandeln
75 g Butter
1 Esslöffel Zucker
Etwas abgeriebene Zitronenschale
1 Eigelb
1 Prise Salz

◆

Für den Belag:

500 g Fruchtfleisch einer beliebigen Kürbissorte
80 g Akazienhonig
2 Eier
1 Teelöffel gemahlene Gewürze: Zimt, Gewürznelke, Muskatnuss, Ingwer
1 Esslöffel brauner Rum
1 Esslöffel Pfeilwurzmehl
2 Esslöffel gemahlene Mandeln

◆

Für die Form:

Ein kleines Stück Butter

1. Den Teig 3½ Stunden vor dem Backen zubereiten: Mehl in einen Mixer geben. Gemahlene Mandeln, Butter, Zitronenschale, Zucker, Salz und das Eigelb hinzufügen. Bei hoher Geschwindigkeit im Mixer mischen, bis eine Teigkugel entsteht. Diese in Folie wickeln und 3 Stunden in den Kühlschrank legen.
2. Den Teig aus dem Kühlschrank nehmen und vor dem Ausrollen 30 Minuten bei Zimmertemperatur ruhen lassen.
3. Eine Springform mit 24 cm Durchmesser mit Butter ausstreichen. Den Teig ausrollen und die Form damit auskleiden. In den Kühlschrank stellen, während der Belag zubereitet wird.
4. Den Backofen auf 225 °C vorheizen. Das Kürbisfleisch grob würfeln und über Dampf 15 bis 20 Minuten garen, bis das Fruchtfleisch sehr weich ist.
5. Das Kürbisfleisch in einen Mixer geben, Eier, Honig, Gewürze, Rum und Pfeilwurzmehl zugeben. Alles 1 Minute bei hoher Geschwindigkeit rühren, bis eine glatte Creme entsteht.
6. Die Form aus dem Kühlschrank nehmen. Die gemahlenen Mandeln auf den Teigboden streuen und die Kürbiscreme in die Form gießen. Die Tarte 50 Minuten backen, aus dem Ofen nehmen und abkühlen lassen, bevor man sie aus der Form nimmt und serviert.

In manchen Feinkostläden gibt es eine Gewürzmischung mit dem Namen ›pumpkin spices‹. Sie kommt aus den Vereinigten Staaten und wird für die berühmte ›pumpkin pie‹ verwendet.

Kürbis-Gratin mit Parmesan

Für 4 Personen
Vorbereitung: 20 Minuten
Garzeit: 30 Minuten

◆

400 g Fruchtfleisch einer beliebigen Kürbissorte
150 ml Milch
100 ml Sahne
2 Teelöffel Mais- oder Kartoffelstärke
2 Eier
Salz und frisch gemahlener Pfeffer

◆

Zum Überbacken:
2 Esslöffel frisch geriebener Parmesan
2 Esslöffel Paniermehl
50 g Butter

1. Den Backofen auf 200 °C vorheizen. Die Milch in einem Topf zum Kochen bringen. Das Kürbisfleisch in feine Würfel schneiden und mit Salz und Pfeffer in die Milch geben. Die Kürbiswürfel 10 Minuten kochen lassen. Dabei von Zeit zu Zeit umrühren. Sobald das Kürbisfleisch sehr weich ist, mit einem Mixstab pürieren.
2. Die Speisestärke in eine Schüssel geben. Die Sahne und die Eier zugeben und mit einer Gabel verschlagen. Anschließend das Kürbispüree zugeben und alles gut mischen.
3. Eine ofenfeste Form mit einem Durchmesser von 20 cm mit der Hälfte der Butter ausstreichen und die Kürbismischung hineingießen. Den Parmesan mit dem Paniermehl mischen. Das Gratin damit bestreuen. Die restliche Butter in Flöckchen daraufsetzen. Etwa 20 Minuten im Ofen backen, bis die Oberfläche eine schöne goldbraune Farbe angenommen hat.
4. Das Gratin heiß in der Form servieren. Es paßt als Beilage zu allen gebratenen und gegrillten Fleischgerichten.

Wurzelgemüse

Der Star unter den Wurzelgemüsen ist sicher die Kartoffel, doch gibt es viele andere, die ihr an Geschmack und Beschaffenheit nicht nachstehen. Da ist beispielsweise der Topinambur, lange Zeit vernachlässigt und heute wiederentdeckt, oder der seltsam anzuschauende Knollenziest, wahrscheinlich wegen seiner Art-deco-Form Anfang des Jahrhunderts heiß geliebt und später vergessen. Simone de Beauvoir nannte ihn ein »trauriges« Gemüse, »genau wie Topinambur, Jerusalemartischocke und Mangold«. Tatsächlich hängt all den Wurzelgemüsen der schlechte Ruf als Gemüse der Hungerjahre an. Dabei sollten wir heute den feinen Geschmack des Topinamburs hervorheben, der an Artischocken erinnert, die Schärfe des schwarzen Rettichs, das Cremige der Pastinake, das unvergleichliche Aroma von Kerbelrübe und Petersilienwurzel, die Süße der Batate. Probieren Sie nur – zweifellos werden Sie von diesen »neuen alten Gemüsen« begeistert sein.

RÜBE

Sie sind gelb, rosa, weiß, länglich oder rund und werden je nach Sorte im Frühling und Sommer oder im Herbst und Winter geerntet. Zu den gelben Herbstrüben gehört ›Petrowski‹, eine Spezialität aus Berlin, eine alte Sorte, rund, mit gelber Haut und weißem, festem Fleisch, das süß und aromatisch schmeckt. Die gelbe Sorte ›Goldkugel‹ ist etwa zwölf Zentimeter dick und hat besonders süßes Fruchtfleisch. Sie kann hervorragend roh gerieben, allein oder mit anderen Rohgemüsen gemischt, verwendet werden. Übrigens kann man das Kraut der Rüben, lange, grüne gezackte Blätter, wie Spinat dünsten.

Weiße Rüben mit Zwiebeln

Für 4 Personen
Vorbereitung: 20 Minuten
Garzeit: 15 Minuten

◆

600 g längliche weisse Rüben
200 g milde Zwiebeln
3 Esslöffel Olivenöl
6 Prisen geriebene Muskatnuss
4 Prisen Cayennepfeffer
4 Prisen Paprika edelsüss
Salz
und frisch gemahlener Pfeffer

1. Die Rüben schälen und der Länge nach vierteln. Dann in Abschnitte von 2 cm Länge schneiden. Die Zwiebeln schälen und würfeln.
2. Das Öl in einer großen beschichteten Pfanne oder einem Schmortopf erhitzen. Die Rüben zugeben und unter Rühren zartgelb dünsten. Die Zwiebeln zugeben und weiterrühren, bis alles eine schöne hellgelbe Farbe angenommen hat.
3. Mit 3 Eßlöffeln Wasser ablöschen. Salz, Pfeffer, Cayennepfeffer, Paprikapulver und Muskatnuß zugeben. Zudecken und etwa 15 Minuten weiterdünsten. Dabei von Zeit zu Zeit umrühren, bis das Gemüse weich, aber noch bißfest ist. Heiß servieren.

Diese köstliche milde und doch würzige Gemüsemischung schmeckt hervorragend zu Gerichten aus hellem Fleisch und zu Fisch.

Gelbe Rüben in Schalotten-Vinaigrette

Für 4 Personen
Vorbereitung: 20 Minuten
Garzeit: 10 Minuten

◆

900 g gelbe Rüben
200 g durchwachsener Räucherspeck
4 Esslöffel feingehackte Petersilie
1 graue Schalotte
6 Esslöffel kaltgepresstes Olivenöl
2 Esslöffel Rotweinessig
Salz
und frisch gemahlener Pfeffer

1. Die Rüben schälen, waschen und trockentupfen. In ½ cm dicke Scheiben schneiden und 5 Minuten in Salzwasser kochen. In einem Sieb abtropfen lassen.
2. Den Speck in feine Streifen und die Schalotte in feine Ringe schneiden.
3. Den Essig und 4 Eßlöffel Olivenöl in einer Schüssel miteinander mischen. Salz, Pfeffer und die Schalotte zugeben.
4. Das restliche Öl in einer großen beschichteten Pfanne oder einem Schmortopf erhitzen. Die Speckstreifen und die Petersilie darin anbraten. Die Rübenscheiben zugeben und 5 Minuten in dem heißen Öl wenden. Sie sollten leicht knusprig sein.
5. Mit der Schalotten-Vinaigrette ablöschen und 1 Minute weiterdünsten. Die Pfanne vom Herd nehmen. Die Rüben in einer vorgewärmten Schüssel anrichten und sofort servieren.

Dieses Rübengericht schmeckt wunderbar als kleine Vorspeise, paßt aber auch als Beilage zu Fleisch und kaltem Fisch.

MEERRETTICH

Der Meerrettich stammt aus Südosteuropa. Seit der Antike kennt und schätzt man ihn. Der *armoracia* der Römer wuchs in allen Gemüsegärten. Heute ist er wegen seiner Schärfe besonders in den germanischen und angelsächsischen Ländern beliebt. In Frankreich gibt es nur im Elsaß eine Meerrettichsoße. »Meratich«, größerer Rettich, hieß die scharfe Wurzel im Althochdeutschen. Man reibt sie frisch und fügt Sahne, Zitronensaft oder Weinessig zu.

Sahnemeerrettich

Für 4 Personen
Zubereitung: 15 Minuten

◆

400 g Meerrettich
100 g Crème fraîche
2 Esslöffel Zitronensaft
Salz

1. Den Meerrettich schälen, waschen und auf einer Reibe fein raspeln. In eine Schüssel geben und mit dem Zitronensaft und dem Salz vermischen.
2. Die Crème fraîche zugeben und alles gut vermischen. Sofort servieren.

Diese einfach und schnell zubereitete Sauce paßt ausgezeichnet zu allen gekochten Fleischgerichten, warm oder kalt serviert.

Batate und Yamswurzel

Zweihundert Jahre bevor der Kartoffel der Durchbruch gelang, brachte Christoph Kolumbus die Batate aus der Neuen Welt mit. Sie setzte sich rasch durch. Zuerst erreichte sie Portugal, dann gelangte sie nach Nordafrika, von wo aus sie Asien eroberte. In Frankreich wurden Bataten im 18. Jahrhundert auf Geheiß Ludwigs XV. in der Gegend von La Rochelle angebaut. Trotz vielversprechender Anbauergebnisse geriet die Batate nach dem Tod des Königs in Vergessenheit und kam zu den anderen seltenen und seltsamen Pflanzen in die Gewächshäuser der königlichen Gärten im Pariser Jardin des Plantes. Napoleons Frau Joséphine de Beauharnais, die »schöne Kreolin«, brachte sie zu neuen Ehren. Als sich nach dem Untergang der Monarchie unsere Kartoffel durchsetzte, ging die Herrschaft der Batate endgültig zu Ende. Heute wird die *Ipomoea batata* aus China oder von den Antillen importiert, aber auch aus Spanien oder Nordafrika. Sie ist eine dicke, längliche Knolle mit heller oder dunkler Schale und gelbem, rosafarbenem oder rötlichem Fleisch, je nach Sorte. An einem kühlen Ort hält sie sich mehrere Wochen. Wie die Kartoffel schmeckt sie hervorragend in Wasser gekocht, als Gratin, Püree oder als Pommes frites. Wegen ihres aromatischen Maronengeschmacks eignet sie sich ebenfalls für die Zubereitung von Desserts.

Die Yamswurzel ist eine kletternde Gemüsepflanze, die wegen ihres braunen, fleischigen Wurzelstocks angebaut wird, der tief im Boden wächst. Im letzten Jahrhundert wurde sie aus China nach Frankreich eingeführt. Ihr Fruchtfleisch ist mehlig, und sie läßt sich wie Kartoffeln zubereiten: in Wasser gekocht, gedämpft, als Püree oder geröstet.

Batatenkonfitüre

Für etwa 1 kg Konfitüre
Zubereitung: 10 Minuten, 1 Stunde im voraus
Garzeit: 20 Minuten

◆

1 kg Bataten
750 g Zucker
Schale von 1 Limette
2 Vanilleschoten

1. Die Bataten schälen, waschen und trockentupfen. Grob würfeln und in einen großen Topf geben. Den Zucker, die Limettenschale und die längs halbierten Vanilleschoten zugeben. Alles mischen und 1 Stunde ruhen lassen.
2. Die Mischung bei großer Hitze zum Kochen bringen und 20 Minuten garen lassen. Dabei häufig umrühren. Es soll eine transparente Konfitüre entstehen.
3. Die Konfitüre in vorher heiß ausgespülte Gläser füllen. Verschließen und abkühlen lassen. An einem kühlen Ort oder im Kühlschrank aufbewahren.

Diese originelle Konfitüre schmeckt am besten mit rosafarbenen oder roten Batatensorten, deren Fruchtfleisch etwas süßer schmeckt und die ein zartes Veilchenaroma haben.
Probieren Sie die Konfitüre auf getoastetem Hefezopf, zu Teekuchen oder Gewürzplätzchen.

Bataten in Vanillesirup

Für 6 Personen
Vorbereitung: 20 Minuten
Garzeit: 10 Minuten

◆

1 kg Bataten
200 g Zucker
2 Vanilleschoten
1 Teelöffel Zitronensaft
100 ml Erdnussöl

1. Für den Vanillesirup die Vanilleschoten längs halbieren und mit dem Zucker in einen Topf geben. Etwa 2 Eßlöffel Wasser und den Zitronensaft zugeben und bei schwacher Hitze ohne umzurühren zum Kochen bringen. Etwa 3 Minuten kochen lassen, dann vom Herd nehmen.
2. Die Bataten schälen und längs in 1 cm dicke Scheiben schneiden.
3. Die Hälfte des Öls in einer großen beschichteten Pfanne erhitzen und die Batatenscheiben darin in 5 Minuten goldbraun braten. Nach der Hälfte der Zeit wenden. Wenn nötig, das restliche Öl zugeben.
4. Die Batatenscheiben in einer Schale anrichten und mit dem Vanillesirup überziehen. Lauwarm servieren.

Sie können gebratene Batatenscheiben auch einfach mit Zucker oder Vanillezucker bestreut servieren.

Batatenkuchen

Für 6 Personen
Vorbereitung: 20 Minuten, 1 Stunde im voraus
Backzeit: 1 Stunde 20 Minuten

◆

1,2 kg rote oder weisse Bataten
200 g brauner Zucker
75 g Butter
3 Eier
1 Teelöffel gemahlene Vanille
½ Teelöffel gemahlener Zimt
1 Esslöffel brauner Rum

◆

Für die Form:
Ein kleines Stück Butter

1. Die Bataten schälen, waschen und trockentupfen. Grob würfeln und in einen Topf geben. Mit kaltem Wasser bedecken und zum Kochen bringen. In 20 Minuten gar kochen.
2. Den Backofen auf 140 °C vorheizen. Eine Kuchenform mit 22 cm Durchmesser mit Butter ausstreichen.
3. Sind die Bataten gar, abtropfen lassen und mit Butter, Zucker, Vanille, Zimt und Rum in einen Mixer geben und fein pürieren. Nacheinander die Eier zugeben, dabei weitermixen.
4. Den Teig in die Form geben und 20 Minuten im Ofen backen, dann die Temperatur auf 125 °C reduzieren und weitere 40 Minuten backen.
5. Den Kuchen abkühlen lassen und für eine Stunde in den Kühlschrank stellen. Zum Servieren auf eine Kuchenplatte stürzen.

Zu dem Kuchen schmeckt eine kalte oder warme, mit Rum aromatisierte Vanillesauce oder eine Schokoladensauce ganz ausgezeichnet, man kann ihn aber auch allein servieren.

Oca-Gratin

Für 4 Personen
Vorbereitung: 15 Minuten
Backzeit: 30 Minuten

◆

800 g Oca
100 ml Sahne
100 ml Hühnerbrühe
6 Prisen Muskatnuss
Salz
und frisch gemahlener Pfeffer

◆

Zum Überbacken:
75 g frisch geriebener Parmesan
2 Esslöffel Paniermehl
20 g Butter
Frisch gemahlener Pfeffer

1. Den Backofen auf 200 °C vorheizen. Eine rechteckige, ofenfeste Form mit der Hälfte der Butter ausstreichen. Paniermehl mit 2 Eßlöffeln Parmesan mischen und mit Pfeffer würzen. Die Sahne mit der Brühe mischen, leicht salzen und mit Pfeffer und Muskat abschmecken.
2. Oca schälen, waschen und trockentupfen. In feine Scheiben schneiden und schichtweise in die gebutterte Form legen. Dabei über jede Schicht etwas von dem restlichen Parmesan streuen.
3. Von der Sahnemischung soviel in die Form gießen, daß das Gemüse knapp bedeckt ist. Reicht die Mischung nicht aus, noch etwas Brühe zugeben. Mit der Paniermehl-Parmesan-Mischung bestreuen. Die restliche Butter in Flöckchen auf dem Gratin verteilen.
4. Die Form in den Ofen stellen und etwa 30 Minuten backen, bis das Gratin goldbraun ist. Heiß in der Form servieren.

Als Oca bezeichnet man die Knollen einer Sauerkleeart, die in den Anden heimisch ist. Die Indios in Peru, Bolivien und Ecuador bauen die kleinen Knollen von jeher an. Manche Sorten, die nicht so sauer sind, essen sie auch roh. Das Laub schmeckt ein wenig wie Sauerampfer und wird gekocht.

Daikon-Rettich

Der Daikon-Rettich wird in Asien und besonders in Japan in großen Mengen angebaut. Er wird recht lang und ist mild im Geschmack. Ein Amerikaner, der Asien im letzten Jahrhundert bereiste, berichtete von Rettichen, die mehr als einen Meter lang und dreißig Zentimeter dick gewesen seien. Auch Plinius der Ältere erwähnte Riesenrettiche, die sogar auf europäischem Boden wüchsen. Tatsächlich hat sich diese Rettichart perfekt angepaßt und wächst mühelos in unseren Gärten. Essen Sie Daikon-Rettich wie in Japan: gerieben mit anderen rohen Gemüsen oder zusammen mit verschiedenen Gemüsen gedünstet. Die Japaner legen ihn auch ein, er nimmt dadurch eine schöne goldene Farbe an, dann schneiden sie ihn in dünne Scheiben und servieren ihn zum Abschluß eines Essens.

Daikon-Rettich mit rohem Lachs

Für 4 Personen
Zubereitung: 30 Minuten

◆

400 g Daikon-Rettich
500 g Lachsfilet ohne Haut und Gräten
100 g Ketakaviar
Sojasauce

1. Das Lachsfilet in 1 cm breite Stücke schneiden. Den Daikon-Rettich schälen, waschen und trokkentupfen. Auf einer Reibe oder in der Küchenmaschine grob raspeln.
2. Den Rettich auf vier gekühlte Teller verteilen, die Lachsstücke zugeben. Mit Ketakaviar garnieren und nach Geschmack mit Sojasauce beträufeln. Sofort servieren.

Ein ganz einfaches Rezept, um diesen saftigen, nur ganz leicht scharfen Rettich auszuprobieren. Sie können in der Sojasauce auch etwas gemahlenen Wasabi oder Wasabipaste auflösen, die es in Asien-Läden gibt. Wasabi ist eine grüne und sehr scharfe Meerrettichart, die man sparsam verwenden sollte.

Schwarzer Rettich

Dieser Winterrettich aus der gleichen Familie wie die Rübe ist eine fleischige, längliche oder auch runde Wurzel. Wie seine weißen, gelben, rosafarbenen, roten, violetten oder zweifarbigen Vettern schmeckt der schwarze Rettich sehr gut roh. In feine Scheiben geschnitten serviert man ihn mit Salz zu einem guten Landbrot mit Butter. ›Runder Schwarzer Winter‹, ›Langer Schwarzer Winter‹ – so heißen Sorten mit mattschwarzer, glatter Schale und elfenbeinfarbenem, ganz leicht süßlichem Fruchtfleisch.

Schwarzer Rettich mit Öl und Salz

Für 4 Personen
Zubereitung: 15 Minuten

◆

4 kleine, runde schwarze Rettiche
4 Esslöffel kaltgepresstes Olivenöl
Grobes Salz

◆

Dazu:
Landbrot und Butter

1. Die Rettiche schälen, waschen und trockentupfen. Auf einer Reibe oder in der Küchenmaschine grob raspeln.
2. Den Rettich auf vier Teller verteilen und mit Olivenöl beträufeln. Mit grobem Salz bestreuen und sofort servieren. Dazu reicht man geröstetes Landbrot mit Süßrahmbutter.

Diesen erfrischenden Salat können Sie verändern, beispielsweise mit kleinen, schwarzen Oliven aus Nizza oder mit feingehackter Petersilie. Sie können auch lange schwarze Rettiche verwenden. Diese sind aber schärfer als die runden.

Trüffelkartoffel

›Schwarze Trüffel‹, ›Vitelotte noire‹, ›Coloniale‹: Diese Kartoffel mit schwarzviolettem Fleisch und dunkler Schale stammt wahrscheinlich aus Peru. Wie ihre Verwandte, die einfache Kartoffel, konnte sich die Trüffelkartoffel gut in Europa einleben, so gut, daß sie in Frankreich auch »Perigord-Trüffel« genannt wird. Dort wird sie nämlich auch angebaut. Sie wächst zylindrisch und wird bis zu zehn Zentimeter lang. Sie wird gekocht wie die Kartoffel. Ihr Fruchtfleisch ist jedoch süßer und hat ein feines Nuß- oder Maronenaroma.

Trüffelkartoffel-Chips

Für 4 Personen
Vorbereitung: 15 Minuten
Garzeit: 15 Minuten

◆

500 g Trüffelkartoffeln
Grobes Meersalz
Erdnussöl

1. Die Kartoffeln schälen, waschen und trockentupfen. In feine Scheiben schneiden.
2. Soviel Erdnußöl in einen kleinen Topf geben, daß es mindestens 5 cm hoch den Boden bedeckt. Das Öl erhitzen und jeweils eine knappe Handvoll der Kartoffelscheiben hineingeben. Sobald die Scheiben braun sind und an die Oberfläche steigen, mit einem Schaumlöffel aus dem Fett nehmen.
3. Die Kartoffelchips kurz auf Küchenpapier abtropfen lassen, dann in eine Schüssel geben oder auf einer Platte verteilen und mit dem groben Salz bestreuen. Sofort servieren.

Trüffelkartoffeln in Butter-Vinaigrette

Für 4 Personen
Vorbereitung: 10 Minuten
Garzeit: 20 Minuten

◆

1 kg Trüffelkartoffeln
4 Esslöffel Olivenöl
2 Esslöffel Balsamessig
2 Esslöffel feingehackte Petersilie
25 g Butter
Salz und frisch gemahlener Pfeffer

1. Die Kartoffeln waschen und in einen Topf geben. Mit kaltem Wasser bedecken und bei schwacher Hitze zum Kochen bringen. Salzen und etwa 20 Minuten kochen, bis die Kartoffeln gar sind.
2. Die Butter in einem kleinen Topf schmelzen lassen. Öl und Essig unterschlagen. Mit Salz und Pfeffer würzen. Den Topf vom Herd nehmen, die Petersilie zugeben und alles gut mischen.
3. Die gekochten Kartoffeln abtropfen lassen und noch heiß schälen. Vierteln und in eine Schüssel geben. Die Butter-Vinaigrette darüberträufeln, vermischen und sofort servieren.

Dieses Kartoffelgericht paßt ausgezeichnet als Beilage zu Fisch: Braten Sie zum Beispiel vier Scheiben Seeteufel in einer beschichteten Pfanne in Olivenöl auf beiden Seiten rasch goldbraun an. Die Seeteufelscheiben mit Salz und rosa Pfeffer bestreuen und mit den Trüffelkartoffeln servieren.

Knollenziest

Knollenziest heißen die kleinen weißen Spiralen, die wie Muscheln aussehen. Der Knollenziest ist der fleischige, unterirdische Stengel einer Pflanze aus dem Fernen Osten. Er gehört zur selben Familie wie die Minze. In Frankreich wurde er Ende des letzten Jahrhunderts über die Kleinstadt Crosne eingeführt, die ihm auch seinen französischen Namen gab: *crosne*. Frischer Knollenziest schimmert perlmuttweiß und fühlt sich fest an. Er wird meistens bereits gereinigt angeboten. Anderenfalls wäscht und trocknet man ihn ab und reibt ihn dann mit etwas Salz in einem Tuch, um die feine Schutzhaut zu entfernen. Der Knollenziest schmeckt ähnlich wie Artischocken.

Knollenziest mit Parmaschinken

Für 4 Personen
Vorbereitung: 20 Minuten
Garzeit: 20 Minuten

◆

750 g Knollenziest
4 feine Scheiben Parmaschinken
14 Blättchen Staudensellerie
6 Esslöffel Olivenöl
25 g Butter
Salz und frisch gemahlener Pfeffer

1. Die Butter in einer großen beschichteten Pfanne oder einem Schmortopf erhitzen und den, wie eingangs beschrieben, gereinigten Knollenziest hineingeben. Mischen, salzen, pfeffern und bei schwacher Hitze zugedeckt etwa 10 Minuten dünsten. Dabei von Zeit zu Zeit umrühren.
2. Den Parmaschinken in 2 cm breite Streifen schneiden und die Sellerieblättchen waschen und trockentupfen.
3. Das Öl in einem kleinen Topf erhitzen, die Sellerieblätter hineingeben und ein paar Sekunden fritieren: Sie sollen dunkelgrün und knusprig sein. Auf Küchenpapier abtropfen lassen. Den Schinken in den Topf geben und auf die gleiche Weise braten. Auf Küchenpapier abtropfen lassen.
4. Den gedünsteten Knollenziest in eine Schüssel geben. Den knusprig gebratenen Schinken und die Sellerieblättchen zugeben, vorsichtig mischen und sehr heiß servieren.

Dieses Knollenziestrezept paßt sehr gut zu gebratenem hellem Fleisch.

SCHWARZ- UND HAFERWURZEL

Nur durch die Farbe ihrer Schale unterscheiden sich diese beiden Schwestern: Die Haferwurzel ist hell, die Schwarzwurzel dunkel. Als Wildpflanze wächst die *Scorzonera hispanica* im Mittelmeerraum, und bereits die Griechen kannten sie. Der französische Agronom Olivier de Serres verschaffte der Haferwurzel im 16. Jahrhundert wieder einen Platz auf dem Tisch. Heute ist sie jedoch äußerst selten. Verdrängt wurde sie von der Schwarzwurzel, die zur Zeit Ludwigs XVI. aus Spanien nach Frankreich kam. »Skorzoner Wurzel« heißt sie auch, abgeleitet von dem spanischen Namen *escorzonera*, was »schwarze Viper« bedeutet. Sie soll nämlich ein Gegengift gegen den Biß der katalanischen Viper enthalten. Vielleicht geht das Wort aber auch auf das italienische *scorzo nera*, schwarze Wurzel, zurück. Die Wurzel ist lang, dünn und fest, mit einer glatten Rinde, die man abschält. Der Autor von »Der Graf von Monte Christo«, Alexandre Dumas, nannte diese Tätigkeit »weiß harken«. Das ist jedoch gar nicht so einfach, denn die Wurzel klebt an den Fingern und verfärbt sie. Deshalb sollte man zum Schälen Gummihandschuhe anziehen, die Wurzeln sofort abspülen und in Essigwasser legen.

Schwarzwurzeln in Petersiliensahne

Für 4 Personen
Vorbereitung: 20 Minuten
Garzeit: 10 Minuten

◆

1 kg Schwarzwurzeln
100 g Crème fraîche
200 ml Hühnerbrühe
3 Esslöffel glatte Petersilie, fein gehackt
2 Esslöffel Zitronensaft
4 Prisen geriebene Muskatnuss
Salz
und frisch gemahlener Pfeffer

1. Die Schwarzwurzeln schälen und sofort in eine Schüssel mit kaltem Zitronenwasser legen. Wenn alle geschält sind, sie nochmals abspülen und abtropfen lassen.
2. Wasser in einem ausreichend großen Topf zum Kochen bringen, salzen und die Schwarzwurzeln hineingeben. Wenn das Wasser wieder kocht, weitere 10 Minuten garen.
3. In der Zwischenzeit die Sahne mit der Hühnerbrühe in einem Topf zum Kochen bringen und um die Hälfte reduzieren, dann mit Salz, Pfeffer und Muskatnuß abschmecken.
4. Die Schwarzwurzeln abtropfen lassen und in eine Schüssel geben. Mit der Sahnesauce überziehen und mit gehackter Petersilie bestreuen. Sofort servieren.

Dieses Schwarzwurzelrezept paßt besonders gut zu hellem Fleisch und Geflügel.

TOPINAMBUR

Kaum einer weiß, daß diese Knolle mit dem feinen Artischockengeschmack eine Verwandte der Sonnenblume ist. Dabei ist der *Helianthus tuberosus* mit seinen strahlenden Blüten, richtigen kleinen Sonnen, auf unseren Wiesen und Weiden durchaus anzutreffen. Der Topinambur stammt aus Nordamerika und war für die Indianer ein wichtiges Nahrungsmittel. Im 17. Jahrhundert gelangte er nach Europa und wurde hier rasch eingebürgert. Doch dieser Erfolg sollte nicht von Dauer sein: Im Zweiten Weltkrieg wurde der Topinambur in Frankreich zum Synonym für Mangel. Deshalb verwendete man ihn nach der Befreiung nur noch als Viehfutter. Dabei ist er ein wohlschmeckendes Gemüse. Wegen seines Artischockengeschmacks heißt er bei uns auch Jerusalemartischocke. Die Italiener nennen ihn übrigens *girasole*, was soviel bedeutet wie »der Sonne zugewendet« – so wie die altbekannte Sonnenblume.

Helianthis-Salat mit Haselnüssen

Für 4 Personen
Vorbereitung: 10 Minuten
Garzeit: 15 Minuten

◆

800 g Helianthis-Knollen
2 Esslöffel gehobelte Haselnüsse
2 Esslöffel Erdnussöl
2 Esslöffel Haselnussöl
2 Esslöffel Balsamessig
1 Esslöffel Zitronensaft
Salz

1. Die Helianthis-Knollen schälen, gründlich waschen und abtropfen lassen. In kochendem Salzwasser ungefähr eine Viertelstunde garen: Sie sollten noch Biß haben.
2. Die Haselnüsse in einer beschichteten Pfanne ohne Fett rösten, aus der Pfanne nehmen und abkühlen lassen.
3. Essig mit Zitronensaft und Salz in einer Schüssel vermischen. Beide Ölsorten in dünnem Strahl zugeben. Dabei mit einer Gabel oder einem Schneebesen ständig schlagen.
4. Die Helianthis-Knollen abtropfen lassen und in eine Schüssel geben. Solange sie noch warm sind, die vorbereitete Vinaigrette darübergießen und alles gut mischen. Mit den Nüssen bestreuen und sofort servieren.

Helianthis-Knollen haben ein köstlich schmeckendes, seidiges Fruchtfleisch, das an Topinambur, aber auch an Schwarzwurzeln erinnert. Sie kommen aus Amerika zu uns und werden im tiefsten Winter, zwischen November und Februar, angeboten.

Topinambur-Salat mit Zitrone

Für 4 Personen
Vorbereitung: 15 Minuten
Garzeit: 8 bis 10 Minuten

◆

800 g Topinambur
1 unbehandelte Zitrone
1 Esslöffel Balsamessig
4 Esslöffel Olivenöl
1 Esslöffel Schnittlauchröllchen
1 Esslöffel gehackter Kerbel
Salz
und frisch gemahlener Pfeffer

1. Die Topinambur-Knollen schälen und in ½ cm dicke Scheiben schneiden. Wasser in einem ausreichend großen Topf zum Kochen bringen, die Topinambur-Scheiben hineingeben. Sobald das Wasser wieder kocht, salzen und 8 bis 10 Minuten kochen lassen: Die Scheiben sollten weich, aber noch bißfest sein.
2. Die Zitrone waschen und trockenreiben. Die Schale mit dem Zestenreißer abschälen und in eine Schüssel geben. Die Zitrone halbieren, auspressen und 1 Eßlöffel Saft mit Essig, Salz und Pfeffer zu der Zitronenschale geben. Das Öl zugeben und schlagen, bis sich alle Zutaten gut miteinander verbunden haben.
3. Die gekochten Topinambur-Scheiben gründlich abtropfen lassen und in eine Schüssel geben. Die Salatsauce zugeben, vorsichtig untermischen, mit Schnittlauch und Kerbel bestreuen und servieren.

Reichen Sie zu diesem Salat rohen Schinken, eingesalzenes Schweinefleisch, Kochwurst oder auch Räucherfisch.

PASTINAKE

Pastinaken schmecken süßlich wie Möhren und aromatisch wie Sellerieknollen. Gerieben eignen sie sich zum Rohessen, gekocht kann man Püree daraus bereiten oder einen *pot-au-feu* damit anreichern.

Pastinaken in Vinaigrette

Für 4 Personen
Vorbereitung: 10 Minuten
Garzeit: 20 Minuten

◆

800 g Pastinaken
1 junge Schalotte
1 Esslöffel gehackter Dill
4 Esslöffel kaltgepresstes Olivenöl
2 Esslöffel Balsamessig
Salz
und frisch gemahlener Pfeffer

1. Die Pastinaken schälen und längs vierteln, dann in 1 cm lange Abschnitte schneiden.
2. In einem Dampfkochtopf Wasser zum Kochen bringen, den Siebeinsatz darübersetzen. Die Pastinaken hineingeben und salzen. Zudecken und etwa 20 Minuten dämpfen, bis die Pastinaken weich sind.
3. Die Schalotte schälen und fein hacken. Mit dem Öl und dem Essig in eine Schüssel geben, pfeffern und vermischen.
4. Die gedämpften Pastinaken abtropfen lassen, in die Vinaigrette geben und gut vermischen. Mit Dill bestreuen und lauwarm servieren.

Pastinakenpüree

Für 6 Personen
Vorbereitung: 15 Minuten
Garzeit: 30 Minuten

◆

1 kg Pastinaken
200 ml Milch
4 Esslöffel fruchtiges kaltgepresstes Olivenöl
2 Prisen geriebene Muskatnuss
Salz

1. Im unteren Teil eines Dampfkochtopfs Wasser zum Kochen bringen.
2. Die Pastinaken schälen, waschen und in 2 cm große Würfel schneiden. In den Siebeinsatz des Dampfkochtopfs geben und salzen. Über das kochende Wasser setzen und in etwa 20 Minuten gar dämpfen. Sie sollten sehr weich sein.
3. In einem großen Topf die Milch erhitzen. Bei schwacher Hitze die Pastinaken hineinpassieren und unterheben. In feinem Strahl das Öl zugeben. Dabei immer weiterrühren.
4. Das Püree mit Salz und Muskat abschmecken. Sofort servieren.

Dieses Püree paßt hervorragend zu allen Arten von gebratenem Fleisch und Geflügel.

Gelbe-Bete-Salat mit Zitrone

Für 4 Personen
Zubereitung: 15 Minuten, 1 Stunde im voraus

◆

400 g Gelbe Bete
½ Teelöffel milder Senf
4 Esslöffel Erdnussöl
2 Esslöffel Zitronensaft
2 Esslöffel glatte Petersilie, fein gehackt
Salz
und frisch gemahlener Pfeffer

1. Den Senf in eine kleine Schüssel geben. Salz, Pfeffer und Zitronensaft zugeben. Mit der Gabel oder dem Schneebesen verschlagen. Dabei das Öl in feinem Strahl zugeben.
2. Die Beten schälen, waschen und gründlich trockentupfen. Auf einer Gemüsereibe oder in der Küchenmaschine grob raspeln. In einer Schüssel die vorbereitete Sauce mit den Beten vermischen und mit Petersilie bestreuen.
3. Im Kühlschrank eine Stunde ziehen lassen. Vor dem Servieren noch einmal mischen.

Gelbe Bete ist köstlich, noch süßer und saftiger als rote Bete. Dieser Salat schmeckt jedoch ebenso gut mit der klassischen roten Bete.

Kerbelrüben in Butter

Für 4 Personen
Vorbereitung: 20 Minuten
Garzeit: 20 Minuten

◆

1 kg Kerbelrüben
120 ml Hühnerbrühe
50 g Butter
6 Prisen Muskatnuss
Salz
und frisch gemahlener Pfeffer

1. Die Kerbelrüben schälen, waschen und abtropfen lassen. Sind sie klein und regelmäßig in der Form, ganz lassen, sonst längs halbieren.
2. Die Butter in einer ausreichend großen beschichteten Pfanne oder einem Schmortopf zerlassen und die Kerbelrüben darin hellgelb dünsten. Salz, Pfeffer und Muskat zugeben und die Hühnerbrühe zugießen.
3. Sobald die Brühe kocht, die Kerbelrüben zugedeckt etwa eine Viertelstunde darin garen. Die Kerbelrüben sollten noch etwas Biß haben und mit einer glänzenden Schicht überzogen sein. Ist noch zu viel Flüssigkeit im Topf, offen einkochen lassen.

Servieren Sie diese zarten, süßen Knollen zu gebratenem Fleisch.

Glasierte Petersilienwurzel

Für 4 Personen
Vorbereitung: 10 Minuten
Garzeit: 20 Minuten

900 g Petersilienwurzeln mit Blättern
300 ml Hühnerbrühe
50 g Butter
2 Prisen Zucker
Salz
und frisch gemahlener Pfeffer

1. Die Petersilienwurzeln schälen und längs vierteln. Die Blätter fein hacken und zur Seite stellen.
2. Die Hälfte der Butter in einer großen beschichteten Pfanne oder einem Schmortopf zerlassen. Die Petersilienwurzeln hineingeben. Salzen und pfeffern, und die Wurzeln unter Rühren goldgelb dünsten.
3. Die Brühe angießen. Sobald sie kocht, alles zugedeckt noch etwa 20 Minuten garen. Dabei von Zeit zu Zeit umrühren. Die Petersilienwurzeln sollten weich und mit einer glänzenden Schicht überzogen sein. Die restliche Butter und die Petersilienblätter zugeben, vermischen und sofort servieren.

Reichen Sie dieses Gemüse zu gebratenem, hellem Fleisch oder zu gebackenem Fisch.
Die Petersilienwurzel wird vor allem im Mittleren Osten, in Nordafrika und in Großbritannien sehr geschätzt. Der leicht süßliche Geschmack der Wurzeln ähnelt dem der Sellerieknolle.

Blattgemüse

Noch eine riesige Familie. Zu ihr gehört alles Grüne – Salat, Kohl und andere Gemüse mit Blättern. Auf unseren Märkten werden leider immer die gleichen Salate angeboten, doch die Gemüseanbauer züchten viele andere: Eiskraut, das nach Meer schmeckt, festfleischige Chicoreésorten in verschiedenen Farben, zart würzigen Kapuzinerbart, knackigen Zuckerhut, herbe Rauke oder gesprenkelten Endivien- und Friséesalat. Lauter wohlschmeckende und Abwechslung verheißende Blattgemüse.

KARDONE

Wenn es ein Gemüse gibt, das nur in bestimmten Regionen auf den Tisch kommt, dann ist es die Kardone. Früher wurde sie in ganz Frankreich angeboten, doch heute gilt sie als Spezialität der Gegend um Lyon. Auch auf italienischen und spanischen Märkten ist sie zu finden, und in Nordafrika ist sie ebenfalls weit verbreitet und bereichert die aromatischen Ragouts und Saucen, die das traditionelle Couscous begleiten. Man ißt die fleischigen Blattstiele dieser Verwandten der Artischocke. Die Kardone wird seit dem 16. Jahrhundert angebaut. Damals gab es gelbe, weiße, rote und dunkelgrüne Sorten. Heute findet man nur noch die mit den blassen graugrünen Stielen und Blättern und den samtigen Rippen. Bevor man Kardonen in Wasser kocht, dem Mehl und Zitronensaft zugesetzt werden, um ein Braunwerden zu verhindern, entfernt man die Blättchen von den Stielen und zieht die Fäden ab.

Kardonen-Gratin

Für 4 Personen
Vorbereitung: 30 Minuten
Garzeit: 45 Minuten

◆

1,5 kg Kardonen
100 ml Hühnerbrühe
100 g frisch geriebener Parmesan
75 g Butter
2 Esslöffel Mehl
2 Esslöffel Zitronensaft
6 Prisen Muskatnuss
Salz
und frisch gemahlener Pfeffer

1. Die Kardonen putzen: Die dicksten Stiele und die Blätter entfernen. An den zarteren Stielen die Fäden abziehen, die Stiele waschen und trockentupfen.
2. Wasser in einem Topf zum Kochen bringen, salzen, das Mehl und den Zitronensaft mit einem Schneebesen hineinrühren. Die Kardonenstiele in 7 bis 8 cm lange Abschnitte teilen und nacheinander in den Topf geben. Vom Aufkochen an rechnet man 5 Minuten Garzeit: Die Rippen der Stiele sollten noch fest sein.
3. Den Backofen auf 225 °C vorheizen. Eine Auflaufform mit Butter ausstreichen.
4. In einer Pfanne oder einem Schmortopf 50 g Butter zerlassen. Die abgetropften Kardonen hineingeben. Die Hühnerbrühe angießen. Salz, Pfeffer und Muskatnuß zugeben. Die Kardonen 5 Minuten dünsten, bis sie weich, aber noch bißfest und von einer glänzenden, aromatischen Schicht überzogen sind.
5. Die Kardonen schichtweise in die gebutterte Auflaufform geben. Dabei jede Schicht mit Parmesan bestreuen. Zuletzt eine Schicht Parmesan darüberstreuen und Butter in Flöckchen daraufsetzen.
6. Das Gratin etwa 15 Minuten im Ofen backen, bis es goldgelb ist. Heiß in der Form servieren.

Dieses Gratin paßt hervorragend zu hellem Fleisch und gebratenem Geflügel.

MANGOLD

Es gibt Stiel- und Schnittmangold. Beide haben große Blätter mit fleischiger Mittelrippe und festem, gewelltem Grün. Der hier abgebildete Stielmangold besitzt breite, rote Blattrippen. Daneben findet man aber auch weiße, gelbe, orangefarbene oder purpurrote Sorten. Die Blätter sind hier grün, doch können diese auch hellgelb oder rot sein. Der Geschmack ist, unabhängig von den Farben, immer wie beim klassischen weiß-grünen Mangold.

Mangold-Tarte

Vorbereitung: 20 Minuten
Backzeit: 15 Minuten

◆

250 g Mürbeteig
500 g Mangold
4 Eier
50 g frisch geriebener Parmesan
1 Vogelaugen-Chili
1 Knoblauchzehe
2 Esslöffel Olivenöl
Salz
und frisch gemahlener Pfeffer

1. Den Backofen auf 225 °C vorheizen. Den Mangold waschen. Blätter und Stiele in feine Streifen schneiden. Die Knoblauchzehe schälen und fein hacken.
2. Das Öl in einer beschichteten Pfanne mit einem Durchmesser von 24 cm erhitzen. Den Knoblauch und die zerriebene Chilischote hineingeben. Den Knoblauch hellgelb dünsten, dann die Mangoldstiele zugeben und 1 Minute rühren. Die Blätter hinzufügen und bei großer Hitze schmoren, bis das Gemüse keine Flüssigkeit mehr abgibt.
3. Die Eier über einer Schüssel aufschlagen. Mit einer Gabel verschlagen, dabei Salz, Pfeffer und den Parmesan zugeben. Diese Mischung in die Pfanne geben und eine 1 Minute lang unter Rühren stocken lassen.
4. Den Mürbeteig ausrollen und eine Quicheform mit einem Durchmesser von 24 cm damit auslegen. Die Gemüsemasse in die Form füllen. Im Backofen 15 Minuten backen, bis die Tarte goldbraun ist. Bevor man sie aus der Form nimmt, noch 5 Minuten ruhen lassen. Lauwarm oder kalt servieren.

Diese herzhafte Tarte eignet sich sehr gut als Vorspeise, aber auch als Beilage zu gedünstetem Fisch oder zu Krustentieren.

Mangold auf zweierlei Art

Für 6 Personen
Vorbereitung: 30 Minuten
Garzeit: 35 Minuten

◆

1,5 kg Mangold

◆

Für die Stiele:

2 Zehen junger Knoblauch
1 Stengel Thymian
1 Stengel Rosmarin
2 Esslöffel Olivenöl

◆

Für die Blätter:

100 g frisch geriebener Parmesan
50 g Paniermehl
25 g Butter
Salz
und frisch gemahlener Pfeffer

1. Den Mangold waschen, Stiele und Blätter voneinander trennen.
2. Zubereitung der Blätter: Den Backofen auf 200 °C vorheizen. Die Blätter nur kurz abtropfen lassen und gleich in einen Topf geben. Den Topf schließen und den Mangold bei großer Hitze zusammenfallen lassen. Das dauert etwa 2 Minuten. Danach die Blätter abtropfen lassen.
3. Parmesan und Paniermehl vermischen, mit Salz und Pfeffer würzen. Eine Auflaufform leicht buttern. Abwechselnd Mangoldblätter und die Parmesanmischung hineinschichten. Mit einer Schicht dieser Mischung abschließen und Butterflöckchen darauf verteilen. In den Backofen schieben und etwa 20 Minuten backen.
4. Zubereitung der Mangoldstiele: Die Rippen in etwa 1 cm breite Streifen schneiden, dabei sorgfältig die Fäden entfernen. Waschen, aber nicht vollständig abtropfen lassen. Die Knoblauchzehen schälen und in Stifte schneiden.
5. Das Olivenöl in einer schweren Pfanne oder einem Schmortopf erhitzen. Knoblauch, Thymian und Rosmarin zugeben. Wenn der Knoblauch hellgelb geworden ist, die Mangoldstücke zugeben. Rühren und bei schwacher Hitze zugedeckt etwa 15 Minuten garen.
6. Den Deckel abnehmen. Die Mangoldstiele sollten hellgelb und die Flüssigkeit sollte verdunstet sein.
7. Beide Zubereitungen heiß servieren und unmittelbar vor dem Auftragen mit Pfeffer würzen.

Mangold auf zweierlei Art paßt besonders gut zu gebratenen Lammkoteletts mit jungem Knoblauch, der in der Schale gebacken wurde.

Chinesischer Senfkohl

Es gibt viele Kohlsorten, die ursprünglich aus China oder aus Asien überhaupt stammen, wo sie seit Jahrhunderten angebaut werden. Was wir traditionell als Senfkohl bezeichnen, ist der Pak Choi, von den Botanikern *Brassica rapa chinensis* genannt. Der Senfkohl bildet einen dicken, eiförmigen, zartgrün gefärbten Kopf. Die inneren Blätter sind blaßgelb und ineinandergewachsen. Seine Rippen sind fleischig und die Blätter knackig. Mit seiner milden Würze schmeckt er ausgezeichnet roh als Salat, wie unser Weißkohl, oder in Suppen gekocht, geschmort oder angebraten, mit einem Spritzer Sojasauce auf chinesische Art oder auch einfach mit etwas Olivenöl und ein paar Scheibchen Knoblauch.

Hühnersuppe mit Pak Choi

Für 4 Personen
Vorbereitung: 15 Minuten
Garzeit: 15 Minuten

◆

500 g Hühnerfleisch
1 chinesischer Senfkohl
200 ml Kokosmilch
2 frische Zitronengrasstengel
2 Esslöffel Schnittlauchröllchen
6 Winterzwiebeln
1 Limette
2 Prisen Zucker
1 Vogelaugen-Chili
Salz

1. Das Hühnerfleisch in 3 mm dicke Streifen von 2 x 1 cm Größe schneiden. Die harten Blätter der Zitronengrasstengel entfernen. Den zwiebelähnlich verdickten unteren Teil der Zitronengrasstengel in sehr feine Ringe schneiden. Die Winterzwiebeln putzen und mit ihrem Laub in sehr feine Ringe schneiden. Die Limette waschen, trockenreiben und die Schale abreiben. Die Chilischote waschen, trockenreiben und ebenfalls in ganz feine Ringe schneiden. Dabei die Kerne entfernen.
2. Die Kokosmilch zum Kochen bringen. Das Fleisch mit Limettenschale, Zitronengras, Chilischote, Salz und Zucker zugeben. Alles mischen und vom Aufkochen an 5 Minuten garen.
3. Den Senfkohl in 2 cm breite Streifen schneiden. Nach 5 Minuten Garzeit zum Fleisch geben und 8 bis 10 Minuten kochen lassen, bis das Fleisch und der Kohl weich sind. Schnittlauch untermischen und vom Herd nehmen. Sofort servieren.

KOHLRABI

Der Kohlrabi gehört zur großen Kohlfamilie, auch wenn man ihn wegen seines Aussehens der Familie der Rüben zuordnen möchte. Er bildet hübsche, kleine Köpfe mit ein paar äußerst wohlschmeckenden blättrigen Stielen am oberen Ende. Kohlrabi sind die verdickten Stengel von Kohlstrünken.

Wahrscheinlich kam der Kohlrabi in der Renaissance aus Italien nach Frankreich. Kohlrabi schmeckt besonders gut einfach in Wasser gekocht und dann als Salat angemacht. Zarten jungen Kohlrabi kann man aber auch sehr gut roh, zum Beispiel in Salaten, genießen. Es gibt neben dem grünen noch einen violetten Kohlrabi, doch im Geschmack unterscheiden die beiden sich nicht.

Kohlrabi in Kapern-Vinaigrette

Für 4 Personen
Vorbereitung: 15 Minuten
Garzeit: 10 Minuten

◆

750 g Kohlrabi
8 Wachteleier
2 Esslöffel Kapern, gut abgetropft
4 junge Winterzwiebeln
2 Esslöffel Schnittlauchröllchen
4 Esslöffel kaltgepresstes Olivenöl
2 Esslöffel kräftiger Rotweinessig
Salz

1. Die Wachteleier in einen Topf geben, mit Wasser bedecken und zum Kochen bringen. Nach 4 Minuten in kaltem Wasser abschrecken, pellen und halbieren.
2. Die Winterzwiebeln putzen, waschen, abtropfen lassen und in feine Ringe schneiden.
3. Den Kohlrabi schälen, vierteln und – falls vorhanden – die Blätter zur Seite legen. Wasser in einem Topf zum Kochen bringen, den Kohlrabi hineingeben. Sobald das Wasser wieder kocht, die Blätter hinzufügen. Salzen und etwa 10 Minuten kochen lassen. Der Kohlrabi sollte unbedingt noch Biß haben. Abtropfen lassen und in eine Schüssel geben.
4. Öl und Essig über den noch warmen Kohlrabi verteilen und unterheben. Kapern, Schnittlauch und Winterzwiebeln zugeben. Alles gut mischen. Mit den halbierten Wachteleiern dekorieren und lauwarm servieren.

Kapuzinerbart

»Schlitzwegerich« lautet ein anderer Name für den Kapuzinerbart. Er stammt aus Mitteleuropa und wird wegen seiner langen, schmalen Blätter angebaut. Die sind fleischig und tief eingekerbt. Er sieht aus wie ein Salat, und genauso ißt man ihn auch.

Kapuzinerbart mit Croûtons

Für 4 Personen
Vorbereitung: 15 Minuten
Garzeit: 5 Minuten

◆

1 ganzer Kapuzinerbart
2 hartgekochte Eier
2 Esslöffel Sherryessig
3 Esslöffel kleine, schwarze Oliven
1 Teelöffel Senf
4 Scheiben Toastbrot
Kaltgepresstes Olivenöl
Salz
und frisch gemahlener Pfeffer

1. Den Kapuzinerbart zerpflücken, waschen und in einer Salatschleuder trockenschleudern. In eine Schüssel geben.
2. Das Toastbrot entrinden und würfeln. In einen kleinen Topf so viel Olivenöl geben, daß der Boden 5 cm hoch bedeckt ist. Das Öl erhitzen und die Brotwürfel, je nach Größe des Topfes, auf einmal oder portionsweise hineingeben. Die Brotwürfel rösten, bis sie braun sind. Mit einem Schaumlöffel herausheben und auf Küchenpapier abtropfen lassen.
3. Die Eier pellen, auf einer Reibe grob raspeln und in eine kleine Schüssel geben. Den Senf, den Essig und 4 Eßlöffel Olivenöl zugeben. Mit Salz und Pfeffer würzen und alles gut verrühren.
4. Die Sauce über den vorbereiteten Salat geben. Mit den Croûtons und den Oliven bestreuen und sofort servieren.

Eiskraut

Welch seltsamer Name für eine Pflanze, doch er paßt: Als Wildpflanze wächst das Eiskraut am Meer – in Südafrika, auf den Kanarischen Inseln oder in Griechenland – in Reichweite der Gischt. Blätter und Stengel sind vor dem Austrocknen geschützt, weil sie mit winzigen Bläschen bedeckt sind, und die glitzern in der Sonne wie Tausende von Eiskristallen.

In den Katalogen der Samenhändler Europas und Amerikas kommt das Eiskraut vom 18. Jahrhundert an vor. Völlig grundlos geriet es in den letzten Jahren in Vergessenheit. Es schmeckt säuerlich, und wegen seiner festen Struktur ist es sehr gut als Salat geeignet. Es paßt zudem ausgezeichnet zu Meeresfrüchten. Normalerweise ißt man Blätter und Stengel roh, man kann Eiskraut aber auch kurz in Butter andünsten.

Eiskraut mit Muscheln

Für 4 Personen
Vorbereitung: 30 Minuten
Garzeit: 5 Minuten

◆

200 g Eiskraut
1 kg Miesmuscheln
1 Limette
2 junge Zwiebeln
4 Esslöffel kaltgepresstes Olivenöl
2 Esslöffel Dill, fein geschnitten
Frisch gemahlener Pfeffer

1. Die Zwiebeln schälen, waschen, abtropfen lassen und in feine Ringe schneiden. Die Limette halbieren und auspressen. Von dem Saft 2 Eßlöffel zur Seite stellen.
2. Muscheln waschen und putzen. Abtropfen lassen und in einem großen Topf zugedeckt bei großer Hitze kurz garen, bis sie sich öffnen.
3. Den Topf vom Herd nehmen. Die Muscheln abkühlen lassen. Das Muschelfleisch aus den Schalen lösen und in eine beschichtete Pfanne geben.
4. Den Sud – etwa 150 ml – in einen kleinen Topf abseihen. Bei großer Hitze reduzieren, bis etwa 4 Eßlöffel sirupartige Flüssigkeit übrigbleiben. Limettensaft und Olivenöl zugeben, mit Pfeffer abschmecken und über die Muscheln geben. Alles bei schwacher Hitze kurz erwärmen.
5. Das Eiskraut waschen und alle harten Stiele entfernen, trockenschleudern und in eine Schüssel geben. Die Muscheln mit ihrer Sauce hinzufügen, die Zwiebeln und den Dill zugeben. Alles mischen und sofort servieren.

Löwenzahn

Löwenzahn ist wahrscheinlich der bekannteste Wildsalat. An den ersten schönen Tagen pflückt man ihn am Wegesrand: dunkelgrün mit einem strohgelben Herz. Gebleichter Löwenzahn hingegen ist insgesamt hell, kaum blaßgelb oder zartgrün, mit Blättern im Inneren. Er schmeckt überhaupt nicht bitter, denn er wächst unter anderen Bedingungen. Man wünschte sich den Löwenzahn zarter und weniger herb, so kam man auf die Idee, ihn mit Erde zu bedecken, damit an die Pflanze kein Licht kommt – wie beim Chicoreé oder beim Spargel oder beim Herz des grünen Löwenzahns, das geschützt zwischen Blättern ganz nah am Boden auf natürliche Weise hell bleibt.

Löwenzahngemüse

Für 4 Personen
Vorbereitung: 20 Minuten
Garzeit: 15 Minuten

◆

1 kg Löwenzahn, grün oder gebleicht
1 Knoblauchzehe
4 Esslöffel kaltgepresstes Olivenöl
Salz
und frisch gemahlener Pfeffer

1. Die Löwenzahnpflanzen halbieren und die äußeren, weniger schönen oder beschädigten Blätter entfernen. Waschen und trockentupfen. Die Knoblauchzehe schälen und in feine Scheiben schneiden.
2. Das Olivenöl in einem großen, beschichteten Schmortopf erhitzen. Den Knoblauch darin glasig dünsten, den Löwenzahn portionsweise zugeben. Dabei so lange rühren, bis der Löwenzahn zusammenfällt. Mit Salz und Pfeffer würzen und 10 bis 12 Minuten bei mittlerer Hitze garen. Dabei häufig umrühren. Der Löwenzahn sollte weich sein und keine Flüssigkeit mehr abgeben. Heiß servieren.

Gedünsteter Löwenzahn schmeckt zu allen Arten von gebratenem Fleisch und zu Geflügel.

Löwenzahnsalat mit Knoblauch-Vinaigrette

Für 4 Personen
Vorbereitung: 15 Minuten
Garzeit: 5 Minuten

◆

200 g gebleichter Löwenzahn
4 Scheiben Toastbrot
12 Anchovisfilets in Öl
24 kleine, schwarze Oliven
50 g Parmesan
1 Knoblauchzehe
2 Esslöffel Sherryessig
Kaltgepresstes Olivenöl
Salz
und frisch gemahlener Pfeffer

1. Die Knoblauchzehe schälen und durch die Knoblauchpresse in eine kleine Schüssel drücken. Den Essig und 4 Eßlöffel Olivenöl zugeben. Mit Pfeffer und wenig Salz abschmecken und alles gut miteinander vermischen.
2. Den Parmesan mit einem Sparschäler in Späne hobeln. Die Anchovisfilets längs halbieren.
3. Das Toastbrot entrinden und würfeln. Soviel Olivenöl in einen kleinen Topf geben, daß es 5 cm hoch den Boden bedeckt. Erhitzen und, je nach Größe des Topfes, die Brotwürfel auf einmal oder portionsweise hineingeben. Rösten, bis sie braun sind. Mit einem Schaumlöffel herausheben und auf Küchenpapier abtropfen lassen.
4. Den Löwenzahn putzen, waschen und trockentupfen. Den Löwenzahn zerpflücken und in eine Schüssel geben. Die Vinaigrette darübergeben. Vermischen. Mit den Anchovisfilets, den Parmesanspänen, den Oliven und den Croûtons bestreuen. Sofort servieren.

Porree

Dieser zarte junge Porree wird im Sommer geerntet, sein Geschmack ist mild und aromatisch zugleich.

Porree in süßer Vinaigrette

Für 4 Personen
Vorbereitung: 10 Minuten
Garzeit: 10 Minuten

◆

750 g junger Porree, die weissen und die grünen Teile
4 Esslöffel Zuckerrohr- oder Malzessig
2 Esslöffel kaltgepresstes Olivenöl
1 Teelöffel Akazienhonig
Salz
und frisch gemahlener Pfeffer

1. Den Porree waschen und in Abschnitte von 5 cm Länge schneiden. Etwa 10 Minuten dämpfen.
2. In der Zwischenzeit Essig, Öl und Honig mit einer Gabel verschlagen. Mit Salz und Pfeffer abschmecken.
3. Sobald der Porree gar ist, in eine Schüssel geben und die Vinaigrette darüberträufeln. Lauwarm servieren.

Porree in süßer Vinaigrette schmeckt sehr gut zu Miesmuscheln, zu gegrillten Krabben oder Gambas sowie zu gedünstetem oder gegrilltem Fisch.

PORTULAK

Portulak stammt aus Indien, wo man ihn seit über 2000 Jahren in der Küche verwendet. Bis zu Beginn des 20. Jahrhunderts war er auch in unseren Gemüsegärten zu Hause. Dann geriet er in Vergessenheit. Heute ist diese flach am Boden wachsende Pflanze in der ganzen Welt bekannt. Vom 16. Jahrhundert an versuchte man, den Portulak aufrecht wachsen zu lassen, was die Ernte erleichtert hat.

Portulak in Eiersauce

Für 4 Personen
Zubereitung: 15 Minuten

◆

600 g Portulak
1 hartgekochtes Ei
2 junge Zwiebeln
1 Teelöffel scharfer Senf
1 Teelöffel Savora-Senfsauce
1 Esslöffel kräftiger Rotweinessig
4 Esslöffel sehr fruchtiges, kaltgepresstes Olivenöl
Salz und frisch gemahlener Pfeffer

1. Man verwendet nur die Blätter des Portulak, weil die Stengel insgesamt zu sauer und zu faserig sind. Die Blätter waschen und trockenschleudern. Dann in eine Salatschüssel geben.
2. Die Zwiebeln in feine Ringe schneiden. Das Ei pellen und halbieren. Das Eiweiß fein würfeln, das Eigelb in den Mixer geben.
3. Essig, Salz, Pfeffer, Öl, die Savora-Sauce und den Senf hinzufügen. Mixen, bis eine sämige Sauce entsteht. Über den Salat geben. Vorsichtig mischen. Mit den Zwiebelringen und den Eiweißwürfelchen garnieren. Sofort servieren.

Dieser Salat paßt ausgezeichnet zu Geflügel oder gebratenem, hellem Fleisch, aber auch zu gegrilltem Fisch. Savora, eine säuerlich schmeckende scharfe Senfsauce, findet man in gutsortierten Feinkostgeschäften.

RAUKE

Die Rauke ist ein Kind des Südens und wächst von jeher an sonnigen Wegrändern. Ihre kräftigen mattgrünen Blätter verströmen einen würzigen Geruch, wenn man sie zwischen den Fingern zerreibt. Der Name stammt vom lateinischen *eruca* ab. Das kommt von *urere* und heißt »brennen«. Bereits die Römer bauten in ihren Gärten Rauke an, und im Mittelmeerraum – in Italien, Griechenland und der Türkei – findet man sie bis heute.
Auch in Südfrankreich wurde immer Rauke angebaut, weil sie in den *mesclun* gehört, eine Mischung aus Blattsalaten und Kräutern, die besonders in der Gegend um Nizza beliebt ist. Seit der *mesclun* wieder in Mode gekommen ist, findet man auch die würzige Rauke überall auf unseren Märkten.

Raukesalat mit Meersalz

Für 4 Personen
Zubereitung: 10 Minuten, 30 Minuten im voraus

◆

200 G RAUKE
4 ESSLÖFFEL FRUCHTIGES, KALTGEPRESSTES OLIVENÖL
FEINES MEERSALZ, VORZUGSWEISE FLEUR DE SEL DE GUÉRANDE

1. Die Rauke waschen und in einer Salatschleuder trockenschleudern. In einer Plastiktüte im Kühlschrank mindestens 30 Minuten gut durchkühlen lassen.
2. Die gekühlte Rauke in eine Salatschüssel geben. Mit dem Öl beträufeln und vermischen, so daß jedes Blatt mit Öl benetzt ist.
3. Den Salat sofort servieren und erst am Tisch mit dem Salz bestreuen.

Dieser Salat paßt gut zu Gegrilltem und zu Braten.

Brokkoliblätter mit Chili

Für 4 Personen
Vorbereitung: 20 Minuten
Garzeit: 15 Minuten

◆

1 kg Brokkoliblätter
4 Zehen junger Knoblauch
1 Vogelaugen-Chili, frisch oder getrocknet
2 Esslöffel gehobelte Mandeln
4 Esslöffel Olivenöl
Salz
und frisch gemahlener Pfeffer

1. Die Mandeln in einer kleinen, beschichteten Pfanne anrösten und in einer Schale zur Seite stellen.
2. Die Knoblauchzehen schälen und in feine Scheiben schneiden. Die frische Chilischote fein hacken, dabei die Kerne entfernen. Wird eine getrocknete Chilischote verwendet, nach dem Entfernen der Kerne die Schote zerreiben.
3. Die Brokkoliblätter waschen. Große Blätter teilen. Die Stengel schälen.
4. Das Öl in einem großen Schmortopf erhitzen. Knoblauch und Chilischote darin etwas andünsten. Dann die Brokkolistengel zugeben und 5 Minuten bei milder Hitze unter Rühren dünsten. Die Blätter zugeben und weitere 10 Minuten bei mäßiger Hitze dünsten. Dabei häufig umrühren. Es sollte keine Flüssigkeit mehr im Topf sein.
5. Sobald der Brokkoli gar ist, mit den Mandeln bestreuen, in eine Schüssel geben und servieren.

Romanesco-Kartoffel-Gemüse

Für 4 Personen
Vorbereitung: 10 Minuten
Garzeit: 20 Minuten

◆

2 kleine Köpfe Romanesco von je 400 g
200 g kleine, junge Kartoffeln
2 Knoblauchzehen
3 Gewürznelken
1 Lorbeerblatt
1 Vogelaugen-Chili
3 Esslöffel kaltgepresstes Olivenöl
Salz
und frisch gemahlener Pfeffer

1. Den Romanesco waschen und abtropfen lassen. In Röschen zerteilen. Die kleineren Blätter zur Seite legen. Die Kartoffeln waschen und längs vierteln. Die Knoblauchzehen schälen und vierteln, den Keim dabei entfernen.
2. Das Olivenöl in einen Schmortopf von ungefähr 28 cm Durchmesser geben. Den Knoblauch, die Nelken, die Chilischote und das Lorbeerblatt hineingeben und unter Rühren eine Minute erhitzen. Dann ½ Liter Wasser zugießen. Aufkochen lassen und alles 1 Minute kochen lassen. Salzen und die Kartoffeln in den Schmortopf geben. Vom Aufkochen an zugedeckt 10 Minuten kochen lassen.
3. Nach 10 Minuten die Kohlröschen und die Blätter zufügen. Vermischen. Zugedeckt weitere 10 bis 12 Minuten kochen lassen, bis keine Flüssigkeit mehr im Topf ist. Dabei zwei- oder dreimal vorsichtig umrühren. Der Romanesco sollte noch etwas Biß haben.

Dieses Gericht paßt ausgezeichnet zu gebratenem Schweinefleisch.
Der Romanesco ist ein kleiner, zartgrüner Kohlkopf in Kegelform. Minarettkohl wird er wohl wegen der schönen Türmchenform der einzelnen Röschen auch genannt. Er ist ein Verwandter von Blumenkohl und Brokkoli und schmeckt sehr zart und mild aromatisch. Besonders beliebt ist er in Italien.

Neuseelandspinat-Salat mit Balsamessig

Für 4 Personen
Zubereitung: 15 Minuten
2 Stunden zum Marinieren

◆

300 g junger Neuseelandspinat
12 Anchovisfilets in Öl
2 Esslöffel Balsamessig
4 Esslöffel kaltgepresstes Olivenöl
1 Knoblauchzehe
Frisch gemahlener Pfeffer

1. Die Anchovisfilets abtropfen lassen, in kleine Stücke schneiden, in eine Schale geben und mit dem Essig bedecken. Mindestens 2 Stunden im Kühlschrank marinieren lassen.
2. Die Knoblauchzehe schälen, in feine Scheiben schneiden, den Keim dabei entfernen. Den Knoblauch in eine zweite Schale geben und mit Olivenöl bedecken. Bei Raumtemperatur ebenfalls 2 Stunden ziehen lassen.
3. Den Neuseelandspinat waschen und trockenschleudern. In eine Schüssel geben. Mit dem Öl beträufeln; den Knoblauch dabei zurückhalten. Alles gut mischen. Dann die Anchovis mit ihrer Marinade unterheben und den Salat sofort servieren. Erst am Tisch mit Pfeffer würzen.

Neuseelandspinat erinnert im Geschmack an unseren Spinat: leicht herb und würzig. Große Blätter werden gekocht, jüngere schmecken jedoch sehr gut als Salat.

Chicorée-Salat mit Pecannüssen

Für 4 Personen
Zubereitung: 10 Minuten

◆

6 Köpfe roter Chicorée
200 g roher Schinken in feinen Scheiben
100 g Salers, Comté oder anderer Schnittkäse
12 Pecannüsse
2 Esslöffel Erdnussöl
1 Esslöffel Walnussöl
1 Esslöffel Balsamessig
1 Esslöffel Sherryessig
Salz
und frisch gemahlener Pfeffer

1. Den Schinken in feine Streifen schneiden und den Käse würfeln. Den Chicorée waschen, abtupfen und zerteilen. Die Pecannüsse in feine Scheiben schneiden.
2. Die beiden Essig- und Ölsorten in einer Schüssel mit einer Gabel verschlagen. Mit Pfeffer und wenig Salz würzen.
3. Den Chicorée in eine Schüssel geben und mit der Vinaigrette mischen. Den Schinken, den Käse und die Nüsse darüberstreuen und servieren.

Reichen Sie zu diesem Salat geröstetes Landbrot. Wenn Sie mögen, reiben Sie es vor dem Rösten mit etwas Knoblauch ein.

Radicchio di Treviso vom Grill

Für 4 Personen
Vorbereitung: 30 Minuten
Garzeit: 3 Minuten

◆

4 Köpfe Radicchio di Treviso
Ein sehr fruchtiges, kaltgepresstes Olivenöl
Feines Meersalz, vorzugsweise Fleur de sel de Guérande
Zitronensaft

1. Die Salatköpfe längs halbieren und von allen Seiten mit Öl einpinseln.
2. Einen gußeisernen Grill oder einen Gartengrill anheizen. Wenn er heiß ist, den Radicchio 3 Minuten darauf grillen. Dabei nach der Hälfte der Zeit wenden.
3. Den heißen Salat sofort servieren. Mit Olivenöl und ein paar Tropfen Zitronensaft beträufeln und mit dem Meersalz bestreuen.

Radicchio di Treviso wächst in länglichen Köpfen und hat weiße Rippen und rote Blätter, die an einer langen Wurzel hängen, die gekocht übrigens sehr gut schmeckt. Auch jede andere Salatart, die in Kopfform wächst, läßt sich wie der weiße und der rote Chicorée in der gleichen Weise grillen.
Gegrillter Salat paßt als Beilage vorzüglich zu gegrilltem Fleisch.

Catalogna in Zitronensauce

Für 4 Personen
Vorbereitung: 15 Minuten
Garzeit: 5 bis 7 Minuten

◆

1 kg Catalogna
100 ml fruchtiges, kaltgepresstes Olivenöl
1 unbehandelte Zitrone
1 Knoblauchzehe
Salz und frisch gemahlener Pfeffer

1. Die Zitrone waschen, die Schale reiben und den Saft auspressen. Von dem Saft 2 Eßlöffel zu der Zitronenschale geben. Die Knoblauchzehe schälen und durch die Knoblauchpresse drücken. Zu der Zitronenschale geben, salzen, pfeffern und mit dem Öl mischen.
2. Den Catalogna teilen. Gründlich waschen und trockentupfen.
3. Wasser in einem Topf zum Kochen bringen, salzen und den Catalogna hineingeben. Vom Aufkochen an 5 bis 7 Minuten garen: Die Blätter sollten weich sein und die Stiele noch Biß haben.
4. Ist der Catalogna gar, abtropfen lassen und in eine Schüssel geben. Die Zitronensauce durchseihen, über den Salat geben und vermischen. Lauwarm servieren.

Dieser lauwarme Salat paßt ausgezeichnet zu hellem Fleisch und zu Fisch.
Der Catalogna gehört zu den Endivien. Seine langen, stark eingekerbten Blätter wachsen – je nach Sorte – an mehr oder weniger dicken Rippen. Sein leicht herber Geschmack wird in Italien sehr geschätzt, wo man ihn meistens kocht, doch er schmeckt sehr gut roh als Salat.

Lollo-Salat

Für 4 Personen
Zubereitung: 20 Minuten

◆

200 g Lollo Rosso und Lollo Bianco
1 Knoblauchzehe
1 Teelöffel Sardellenpaste
3 Esslöffel fruchtiges, kaltgepresstes Olivenöl
1 Esslöffel Zitronensaft
1 Esslöffel Essig, gemischt aus Sherry- und Balsamessig
1 Esslöffel Schnittlauchröllchen
1 junge Zwiebel
Salz und frisch gemahlener Pfeffer

1. Die Knoblauchzehe schälen und durch die Knoblauchpresse in eine Salatschüssel drücken. Die Sardellenpaste und die beiden Essigsorten zugeben. Unter Schlagen das Öl zugeben. Mit Pfeffer und wenig Salz würzen. Die Zwiebel fein hacken.
2. Die Salate zerpflücken, waschen und trockenschleudern. In der Salatschüssel mit der Sauce mischen. Den Schnittlauch, die Zwiebel und den Zitronensaft zugeben und alles noch einmal gut mischen. Sofort servieren.

Diese ganz einfache Salatsauce paßt zu allen Arten von Salat, zu zartem feinem ebenso wie zu würzigem mit kräftigeren Blättern.

Bunter Endiviensalat mit Walnüssen

Für 4 Personen
Zubereitung: 10 Minuten

◆

200 g gestreifte Endivie oder
andere grüne und rote, herb schmeckende
Salate, gemischt
8 Walnusskerne
2 Esslöffel Schnittlauchröllchen
3 Esslöffel mildes, kaltgepresstes Olivenöl
1 Esslöffel Walnussöl
1 Esslöffel Sherryessig
½ Esslöffel Balsamessig
1 Teelöffel Savora-Senfsauce (siehe S. 95)
1 kleine Knoblauchzehe
Salz
und frisch gemahlener Pfeffer

1. Den Endiviensalat waschen und trockenschleudern, größere Blätter teilen. Den Salat in eine Schüssel geben. Die Knoblauchzehe schälen.
2. Die beiden Öl- und die beiden Essigsorten mit der Senfsauce, dem Knoblauch und den Walnußkernen in den Mixer geben. Salzen und pfeffern. Mixen, bis eine cremige Sauce entsteht. Über den Salat geben und vermischen.
3. Mit Schnittlauch bestreuen, noch einmal mischen und servieren.

Dieser Salat paßt zu allen Arten von Käse, zu gebakkenem Ziegenkäse auf Brot, zu pochiertem oder gegrilltem Fisch, aber auch zu Geflügel.

Zuckerhut mit Tapenade

Für 4 Personen
Zubereitung: 10 Minuten

◆

2 Köpfe Zuckerhut
1 Knoblauchzehe
1 Teelöffel Tapenade
3 Esslöffel fruchtiges, kaltgepresstes
Olivenöl
1 Esslöffel Balsamessig
1 Esslöffel Sherryessig
Salz
und frisch gemahlener Pfeffer

1. Die Knoblauchzehe schälen und durch die Knoblauchpresse in eine Salatschüssel drücken. Die Tapenade zugeben und mit den beiden Essigsorten gut vermischen. Unter ständigem Schlagen mit einer Gabel oder einem Schneebesen das Öl zugeben. Mit Pfeffer und wenig Salz würzen.
2. Den Salat zerteilen, waschen und trockenschleudern. In Streifen schneiden und in die Salatschüssel geben. Mit der Sauce vermischen und sofort servieren.

Der Zuckerhut, auch Herbstzichorie genannt, hat eine längliche Form. Seine hellen Blätter sind ineinander gerollt. Er schmeckt etwas herb und ist knackig.
Tapenade ist eine Olivenpaste mit Anchovis und Kapern, die es in gutsortierten Feinkostläden und auf Märkten gibt. Eine Anchovissauce paßt aber ebenso gut zu diesem Salat.

Eisbergsalat mit Senfsauce

Für 4 Personen
Zubereitung: 15 Minuten

◆

1 Eisbergsalat
4 Esslöffel fruchtiges, kaltgepresstes Olivenöl
2 Esslöffel Balsamessig
1 Esslöffel Zitronensaft
1 Teelöffel feiner Senf
12 Anchovisfilets
75 g Parmesan
Salz
und frisch gemahlener Pfeffer

1. Den Eisbergsalat längs vierteln, dann in Streifen schneiden. Diese waschen und trockenschleudern. In eine Salatschüssel geben.
2. Die Anchovisfilets längs halbieren. Den Parmesan mit einem Sparschäler in Späne hobeln.
3. Den Senf in einer Schüssel mit Essig und Zitronensaft mischen. Das Öl in dünnem Strahl zugeben. Dabei mit einem kleinen Schneebesen schlagen. Weiterschlagen, bis eine Emulsion entsteht. Salzen und pfeffern.
4. Die Senfsauce über den Salat geben und vermischen. Die Anchovis und den Parmesan darüberstreuen. Sofort Servieren.

Die Angelsachsen verhalfen dem Eisbergsalat zu neuen Ehren. Größere Mengen werden heute unter anderem in der Bretagne angebaut. Eisbergsalat bildet zartgrüne Köpfe mit ineinander gewachsenen Blättern. Er schmeckt knackig frisch.

WÜRZENDE GEMÜSE

Knoblauch, Zwiebel, Chili: lauter Gemüsepflanzen, die vor allem zum Würzen verwendet werden, die einen Salat schärfer machen und den Geschmack von Fleisch oder Fisch verändern. Knoblauch, Zwiebel und Schalotte gehören zu der riesigen Familie der Liliengewächse, so wie die Tulpe oder die Hyazinthe. Groß ist auch die Familie der Chillies. Sie stammen ebenso wie ihre Verwandten, die Gemüsepaprika, aus Amerika. Christoph Kolumbus entdeckte sie bereits bei seiner ersten Reise, und die anpassungsfähigen Pflanzen fühlen sich heute fast überall auf der Welt zu Hause.

KNOBLAUCH

Frische Knoblauchknollen sind von Mai an typisch für die Märkte südlicher Länder. Inzwischen werden sie aber auch bei uns häufiger angeboten. Frische dicke, saftige Knoblauchknollen sind umgeben von zahlreichen fleischigen Blättern, die wie beim Porree in lange Schäfte übergehen. Der Knoblauch ist außen rosa bis violett gefärbt und mild im Geschmack oder weiß und schärfer. Der wundervolle und nur kurze Zeit erhältliche junge Knoblauch ist im Unterschied zu dem, den man ein ganzes Jahr lagern kann, roh oder gekocht gleichermaßen schmackhaft. Seine jungen Blätter schmecken roh, beispielsweise fein gehackt im Salat, gekocht oder eingelegt vorzüglich. Mit dem Knoblauch verwandt ist die Rokambole, auch Schlangenknoblauch oder Römischer Lauch genannt. Sie bildet kleine Zwiebeln am Ende der Stengel und schmeckt ähnlich wie normaler Knoblauch, nur etwas zarter.

Gebackener Knoblauch

Für 4 Personen
Vorbereitung: 15 Minuten
Garzeit: 30 Minuten

◆

12 grosse Zehen junger Knoblauch
Ein fruchtiges kaltgepresstes Olivenöl
Feines Meersalz, vorzugsweise
Fleur de sel de Guérande
Zerstossener Pfeffer

1. Den Backofen auf 200 °C vorheizen. Die Knoblauchzehen schälen und in eine feuerfeste Form legen, in die sie gerade hineinpassen sollten. Mit Öl bedecken und auf dem Herd bei schwacher Hitze von allen Seiten hellgelb dünsten.
2. Die Form in den Ofen stellen, und die Knoblauchzehen 30 Minuten backen.
3. Die Form aus den Ofen nehmen, die Knoblauchzehen aus dem Öl heben und abtropfen lassen. In eine Schüssel geben, mit dem Meersalz und dem Pfeffer bestreuen und sofort servieren.

Gebackener Knoblauch schmeckt zu allen Fleischgerichten oder einfach auf geröstetem Brot. Das Öl, in dem der Knoblauch gebacken wurde, kann bei der Zubereitung von Fleisch und Fisch weiterverwendet werden.

Salat von gegrilltem Gemüse

Für 6 Personen
Zubereitung: 15 Minuten

◆

1 Aubergine von 300 g
1 rote Paprikaschote von 250 g
1 grüne Paprikaschote von 250 g
4 grosse, reife Tomaten
6 grosse Zehen junger Knoblauch
100 ml Öl
2 Esslöffel Zitronensaft
Salz

1. Den Backofengrill vorheizen. Die Gemüse waschen und trockenreiben, den Knoblauch schälen. Gemüse und Knoblauch auf den Backofenrost legen, über der Fettpfanne in den Ofen schieben und 30 Minuten grillen: Die Haut der Paprikaschoten und der Aubergine sollte schwarz und die der Tomaten runzlig sein.
2. Die Gemüse in eine Schüssel geben und zugedeckt abkühlen lassen, bis sie lauwarm geworden sind. Die Gemüse pellen, die Kerne und die Rippen in den Paprikaschoten entfernen. Auch bei den Tomaten die Kerne entfernen.
3. Die Gemüse mit dem Knoblauch in einen tiefen Teller geben und mit zwei Messern hacken.
4. Mit Öl und Zitronensaft beträufeln, salzen und lauwarm oder kalt servieren.

Junger Knoblauch in Olivenöl

Für 8 bis 10 Personen
Vorbereitung: 5 Minuten
Garzeit: 20 Minuten, im voraus

◆

2 Knollen junger Knoblauch
3 Lorbeerblätter
4 Zweige Thymian
1 Esslöffel zerstossener Pfeffer
Etwa ½ Liter fruchtiges, kaltgepresstes Olivenöl

1. Die äußeren Häute der Knoblauchknollen entfernen, die Knollen in Zehen zerteilen, diese aber nicht schälen.
2. Die Knoblauchzehen, den Thymian, die Lorbeerblätter und den Pfeffer in einen Topf geben und mit dem Öl bedecken. Je nach Größe des Topfes, aber auch der Knoblauchzehen braucht man mehr oder weniger als ½ Liter Öl.
3. Den Topf bei milder Hitze aufsetzen. Wenn das Öl anfängt zu sieden, alles 20 Minuten bei schwacher Hitze simmern lassen. Das Öl sollte niemals zum Kochen kommen.
4. Den Topf vom Herd nehmen, die Knoblauchzehen im Öl abkühlen lassen und anschließend in Gläser füllen. Die Gläser im Kühlschrank aufbewahren, wo sich der eingemachte Knoblauch etwa einen Monat hält.

Auf diese Weise eingemachter Knoblauch eignet sich besonders gut als Beilage zu kaltem Fleisch.

Knoblauchpüree

Für 4 bis 6 Personen
Vorbereitung: 10 Minuten
Garzeit: 30 Minuten

◆

6 GROSSE KNOLLEN JUNGER KNOBLAUCH
100 ML FRUCHTIGES, KALTGEPRESSTES OLIVENÖL
1 ESSLÖFFEL GROBES MEERSALZ
FEINES MEERSALZ

1. Die Knoblauchknollen in Zehen zerteilen. Diese nicht schälen, nur die äußere Haut abziehen.
2. Wasser in einem großen Topf zum Kochen bringen. Das grobe Salz mit den Knoblauchzehen hineingeben und 30 Minuten kochen lassen: Der Knoblauch sollte sehr weich sein.
3. Die Knoblauchzehen abtropfen lassen und schälen. Im Mixer pürieren. Dabei das Öl in feinem Strahl zugeben, bis ein lockeres cremiges Püree entsteht. Nach Geschmack salzen, dann servieren oder im Kühlschrank aufbewahren.

In einem verschlossenen Gefäß hält sich dieses Püree im Kühlschrank mehrere Tage. Sie können es auf geröstetes Brot streichen oder als Beilage zu Geflügel, Fleisch und Fisch reichen. Mit einem Löffelchen davon kann man ein Ragout, eine Suppe oder eine Vinaigrette abrunden.

Bagna cauda

Für 6 Personen
Vorbereitung und Garzeit: 10 Minuten

◆

12 IN SALZ EINGELEGTE ANCHOVIS
75 G BUTTER
4 ESSLÖFFEL KALTGEPRESSTES OLIVENÖL
6 ZEHEN JUNGER KNOBLAUCH

◆

Dazu:
GERÖSTETE BROTSCHEIBEN
ROHE GEMÜSE WIE SELLERIE, BLUMENKOHL, RETTICH, FENCHEL, JUNGE ARTISCHOCKEN ODER PAPRIKA

1. Die Anchovis unter fließendem Wasser abspülen, dabei leicht reiben, um das Salz vollständig zu entfernen. Die Filets ablösen, dabei Köpfe und Gräten entfernen. Jedes Filet in kleine Stücke schneiden.
2. Die Knoblauchzehen schälen und durch eine Knoblauchpresse in einen kleinen Topf drücken. Die Anchovis, die Butter und das Öl zugeben. Bei sehr schwacher Hitze rühren, bis eine glatte, gleichmäßige Creme entsteht. Sofort servieren.

Die Creme auf geröstetes Brot streichen oder einfach zu rohen Gemüsestreifen reichen; sie werden vor dem Essen hineingetaucht.

Knoblauchdip

Für 6 Personen
Vorbereitung: 10 Minuten
Garzeit: 5 Minuten

◆

4 Zehen Knoblauch oder Rokambole
200 ml Sojasauce
150 ml Erdnussöl
50 g frischer Ingwer
1 frische Chilischote
1 Teelöffel Zucker

1. Die Knoblauchzehen schälen und in feine Scheiben schneiden. Den Ingwer schälen und auf einer Reibe grob raspeln. Die Chilischote ohne Kerne und Stengelansatz fein hacken.
2. Das Öl in einer kleinen Pfanne erhitzen. Den Knoblauch bei milder Hitze dünsten, bis er goldbraun und knusprig ist.
3. Den Ingwer und die Chilischote in die Pfanne geben, ½ Minute unter Rühren andünsten, dann die Sojasauce und den Zucker zugeben. Bei milder Hitze rühren, bis der Zucker geschmolzen ist. Lauwarm servieren.

Dieser Dip stammt aus der chinesischen Küche und schmeckt besonders gut zu gedämpften Krabben, gedämpften oder gedünsteten Fischwürfeln und gebratenen Fleischwürfeln (Rind- oder Lammfleisch), aber auch zu gedämpftem Gemüse.

Pesto

Für 4 bis 6 Personen
Zubereitung: 15 Minuten

◆

100 g Basilikumblätter
40 g Pinienkerne
60 g frisch geriebener Parmesan
4 Zehen junger Knoblauch
100 ml fruchtiges, kaltgepresstes Olivenöl
Salz

1. Die Knoblauchzehen schälen und vierteln. Mit den übrigen Zutaten im Mixer zu einem feinen Püree verarbeiten.
2. Das Basilikumpüree in ein Gefäß geben und entweder sofort servieren oder verschlossen im Kühlschrank aufbewahren, wo es sich eine Woche hält.

Pesto oder Pistou wäre ohne Knoblauch gar nicht denkbar. Dieses Pesto reicht, um aus 500 g Nudeln schnell ein wunderbares Gericht zu zaubern, ob feine Tagliatelle, Linguine oder vielleicht eine Lasagne. Pistou wird meist ohne Käse und Pinienkerne zubereitet und eignet sich sehr gut, um eine Gemüsesuppe zu bereichern, oder als Sauce zu Fisch oder Meeresfrüchten.

Schnittknoblauch

Schnittknoblauch, oft auch als chinesischer Schnittlauch bezeichnet, findet man auf allen asiatischen Märkten. Die Stengel werden wie kleine Blumensträußchen gebunden angeboten. Man schneidet sie wie unseren Schnittlauch in Röllchen und verwendet sie frisch oder in Ragouts und Suppen. Die weißen Blüten bilden hübsche Dolden, die mit ihrem zarten Anisgeschmack zu Salaten und rohem Gemüse passen. Schnittknoblauch erinnert im Geschmack an Knoblauch, doch ist er sehr viel milder.

Gelber Tomaten-Paprika-Salat mit Schnittknoblauch

Für 4 Personen
Vorbereitung: 15 Minuten
Garzeit: 10 Minuten

◆

400 g kleine, gelbe Tomaten
2 gelbe Paprikaschoten von je 200 g
6 Stengel Schnittknoblauch
2 Zweige frisches Bohnenkraut
2 Esslöffel fruchtiges, kaltgepresstes Olivenöl
Salz
und frisch gemahlener Pfeffer

1. Die Paprikaschoten längs in 2 cm breite Streifen schneiden, dabei den Stielansatz, die weißen Rippen und die Kerne entfernen. Die Paprikastreifen mit der Hautseite nach unten in den Siebeinsatz eines Dampfkochtopfs legen und 10 Minuten dämpfen.
2. In der Zwischenzeit die Tomaten vierteln. Den Schnittknoblauch waschen und in feine Röllchen schneiden.
3. Wenn die Paprikastreifen gar sind, die Haut abziehen und das Paprikafleisch in 2 cm große Stückchen schneiden.
4. Die Tomaten, den Paprika und den Schnittknoblauch in eine Schüssel geben. Mit dem Bohnenkraut bestreuen. Salzen, pfeffern, mit Olivenöl beträufeln und vermischen.
5. Sofort servieren oder ½ bis 1 Stunde bei Zimmertemperatur durchziehen lassen.

Junge Schalotte

Wie Knoblauch und Zwiebeln kommen Schalotten im Frühjahr frisch auf unsere Märkte, bundweise mit langen Stengeln, wie die Lauchzwiebeln. An der jungen weißen oder rosa Schalotte ist alles eßbar bis auf die äußerste Haut. Darunter befindet sich ihr saftiges, nur wenig scharfes Fruchtfleisch voller Aroma. Die Stengel schmecken würziger als die Knolle. Man schneidet sie in feine Ringe und mischt sie unter grüne Salate, würzt damit Fleisch- und Fischgerichte oder gibt sie unmittelbar vor dem Servieren zu einer Suppe. Die frische Knolle schmeckt sehr gut mit Salz zu einer Scheibe Brot mit gesalzener Butter, aber auch im ganzen gekocht oder eingelegt.

Geschmorte rosa Schalotten

Für 6 Personen
Vorbereitung: 10 Minuten
Garzeit: 45 Minuten

◆

6 große, junge rosa Schalotten
100 ml Erdnuss- oder Olivenöl
1 Zweig Rosmarin
1 Zweig Thymian
Salz

1. Den Backofen auf 200 °C vorheizen. Die Schalotten schälen und unzerteilt in eine ofenfeste Form legen, in die sie gerade nebeneinander hineinpassen sollten.
2. Die Schalotten mit dem Öl beträufeln. Soviel Wasser zugeben, daß sie ganz bedeckt sind, anschließend Rosmarin und Thymian hinzufügen. Salzen und im Ofen 40 bis 45 Minuten garen lassen. Die gesamte Flüssigkeit sollte verdampft, die Schalotten sollten hellgelb und weich sein. Heiß oder lauwarm servieren.

Diese geschmorten Schalotten passen zu allen Arten von Fleisch und zu weißfleischigem Fisch.

Graue Schalotte

Die graue Schalotte besteht aus einer Knolle mit mehreren Zwiebelchen oder Zehen und ist gelblich grau oder kupferfarben. Wie bei ihren Schwestern steht ihre Wiege wahrscheinlich an den Küsten des Mittelmeers. Dort blüht sie von Mai bis Juli. Die graue Schalotte hat eine dicke Außenhaut in Kupferrot, das an der Spitze ins Graue spielt. Sie schmeckt aromatischer und schärfer als andere Sorten und läßt sich nur begrenzt lagern. Bereits im Dezember beginnt sie zu keimen und verliert an Geschmack und verändert ihre Beschaffenheit. Bis dahin allerdings schmeckt sie sehr gut roh in lauwarmen Fleisch- und Wurstsalaten. Sie eignet sich jedoch auch zum Kochen, Braten, Backen und Grillen.

Lange rote Zwiebel

›Long rose‹, ›Cuisse de poulet‹, ›Oignon long de Florence‹: Es gibt zahlreiche Sorten dieser länglichen Zwiebel. Sie trägt ein leuchtend rosafarbenes oder violettes Kleid und hat saftig süßes Fruchtfleisch. Lange rote Zwiebeln schmecken vorzüglich roh, sie eignen sich aber auch für alle anderen Arten der Zubereitung. Besonders schmackhaft sind sie jedoch einfach nur geschält, im ganzen mit Kalb- oder Schweinefleisch geschmort, mit einer Spur Zucker und Gewürzen.

Runde rote Zwiebel

Wie die lange rote Zwiebel ist die runde eher mild im Geschmack. Sie schmeckt roh oder gekocht gleichermaßen gut. Zu nennen wären ›Piroska‹, die ›Braunschweiger Dunkelblutrote‹, die sich klein besonders gut zum Einlegen eignet, aber auch ›Rossa di Genova‹, eine abgeflachte runde Zwiebel in einem schönen tiefen Rot.

Rote Zwiebeln in Essig

Für 8 Personen
Vorbereitung und Garzeit: 30 Minuten
Einlegezeit: 14 Tage

◆

1 kg kleine rote Zwiebeln
25 g frischer Ingwer
4 Vogelaugen-Chillies
6 kleine Zehen junger Knoblauch
6 Gewürznelken
1 grosse Zimtstange
Cidre- oder Malzessig
1 Esslöffel grobes Meersalz

1. Die Zwiebeln schälen und 1 Minute in kochendes Salzwasser tauchen. Abtropfen lassen und auf einem Tuch ausbreiten: Die Zwiebeln sollten möglichst trocken sein.
2. Den Ingwer schälen und in feine Scheiben schneiden.
3. Die Zwiebeln in ein großes oder mehrere kleinere Gläser schichten. Den Ingwer, die Chilischoten, den ungeschälten Knoblauch, die Nelken und die in Stücke gebrochene Zimtstange zugeben. Mit Essig bedecken und an einem trockenen, kühlen Ort dunkel lagern. Frühestens nach 14 Tagen servieren.

Zwiebeln in Cassis

Für 6 Personen
Vorbereitung: 15 Minuten
Garzeit: 20 Minuten

600 g große, rote Zwiebeln
200 ml Rotwein
3 Esslöffel Rotweinessig
2 Esslöffel Crème de Cassis (ein Likör aus schwarzen Johannisbeeren)
2 Esslöffel Zucker
4 Prisen Zimt
2 Prisen gemahlene Gewürznelken
2 Esslöffel Erdnussöl
Salz
und frisch gemahlener Pfeffer

1. Die Zwiebeln schälen und längs in feine Streifen schneiden.
2. Das Öl in einem gußeisernen Topf mit 4 Liter Fassungsvermögen erhitzen und die Zwiebeln hineingeben. Bei schwacher Hitze anschwitzen. Den Zucker zugeben und die Zwiebeln 2 Minuten karamelisieren lassen. Dabei die ganze Zeit rühren. Den Essig zugeben und vollständig verdampfen lassen.
3. Crème de Cassis und Wein in den Topf geben. Salz, Pfeffer, Zimt und Nelken zugeben. Alles 20 Minuten dünsten, dabei von Zeit zu Zeit umrühren.
4. Danach sollte keine Flüssigkeit mehr im Topf sein, und die Zwiebeln haben ihr ganzes Aroma konzentriert. Abkühlen lassen, in Gläser füllen und im Kühlschrank aufheben. Dort halten sie sich 14 Tage.

In Cassis eingelegte Zwiebeln schmecken ausgezeichnet zu Geflügel oder hellem Fleisch, gegrillt oder gedünstet, aber auch zu gegrilltem Fisch.

Weisse Zwiebel

Um 1830 wurden die Cevennen terrassiert, um Maulbeerbäume als Nahrung für Seidenraupen zu pflanzen. Diese Maulbeerbaumhaine existierten bis etwa 1950, als mit der Erfindung des Nylons die Herrschaft der Seide zu Ende ging. So ersetzte man die Maulbeerbäume durch Apfelbäume und Zwiebeln. Nach zahlreichen Versuchen wurde eine weiße, milde Zwiebelart mit dem Namen Saint-André zum Anbau auf diesen Granitschieferterrassen ausgewählt. Der Fels läßt das nährstoffreiche Wasser zur Knolle durchsickern, die im Unterschied zu anderen Zwiebelarten unter der Erde wächst. Die tägliche Arbeit muß von Hand verrichtet werden, ebenso wie die Ernte. Anschließend werden die Zwiebeln ein paar Tage auf der Erde zum Trocknen ausgelegt. Erst danach sind sie lagerfähig. Wenn man die äußerste Haut abzieht, werden schöne elfenbeinfarbene Zwiebeln sichtbar. Sie schmecken vorzüglich roh, passen aber auch sehr gut zu hellem Fleisch und Fisch.

Kompott von weißen Zwiebeln

Für 6 Personen
Vorbereitung: 15 Minuten
Garzeit: 20 Minuten

◆

600 g grosse, weisse Zwiebeln
200 ml Hühnerbrühe
1 Esslöffel Zucker
4 Gewürznelken
8 Prisen geriebene Muskatnuss
2 Esslöffel fruchtiges, kaltgepresstes Olivenöl
Salz
und frisch gemahlener Pfeffer

1. Die Zwiebeln von ihrer äußeren Haut befreien und fein hacken.
2. Das Öl in einem gußeisernen Topf von 4 Liter Fassungsvermögen erhitzen und die Zwiebeln zugeben. Bei schwacher Hitze anschwitzen. Den Zucker hinzufügen und die Zwiebeln 2 Minuten karamelisieren lassen. Dabei ununterbrochen rühren.
3. Die Brühe in den Topf gießen. Salz, Pfeffer, Muskat und Nelken zugeben. Alles 20 Minuten kochen lassen. Von Zeit zu Zeit umrühren.
4. Nach dieser Zeit sollte keine Flüssigkeit mehr im Topf sein. Die Zwiebeln sind zu einem aromatischen Kompott geworden. Sofort servieren.

Dieses Zwiebelkompott schmeckt sehr gut zu Geflügel, aber auch zu gebratenem oder geschmortem Fleisch sowie zu gebackenem oder gegrilltem Fisch.

Brot mit weißen Zwiebeln und Oliven

Für 6 Personen
Vorbereitung: 15 Minuten
Garzeit: 20 Minuten

◆

1 kg große, weiße Zwiebeln, vorzugsweise Saint-André-Zwiebeln
2 Zweige Thymian
1 Esslöffel Sardellenpaste
3 Esslöffel kleine, schwarze Oliven, gut abgetropft
2 Esslöffel Basilikum, fein geschnitten
4 Esslöffel mildes, kaltgepresstes Olivenöl
Salz
und frisch gemahlener Pfeffer

◆

Dazu:
Geröstete Scheiben Roggen- oder Landbrot
Tapenade

1. Die Zwiebeln häuten und in feine Streifen schneiden.
2. Das Öl in einem beschichteten Schmortopf mit einem Durchmesser von 28 cm erhitzen, die Sardellenpaste darin schmelzen. Dann die Zwiebeln zugeben. Den Thymian zwischen den Fingern zerreiben und hinzufügen. Salzen und pfeffern. Die Zwiebeln unter Rühren bei mäßiger Hitze dünsten, bis sie hellgelb und weich sind. Vom Herd nehmen, die Oliven und das Basilikum zugeben und vermischen.
3. Die Zwiebeln lauwarm auf mit Tapenade bestrichenen gerösteten Brotscheiben servieren. Man kann auch einen herben Salat, Rauke etwa, dazu reichen.

Tapenade ist eine Olivenpaste mit Anchovis und Kapern aus der Provence, die man in gutsortierten Feinkostgeschäften kaufen kann.

Salat von weißen Zwiebeln mit Zitrone

Für 4 Personen
Vorbereitung: 20 Minuten
1 Stunde ziehen lassen

◆

500 g weisse Zwiebeln, vorzugsweise Saint-André-Zwiebeln
1 Zitrone
4 Stengel frisches Koriandergrün
½ Teelöffel Paprika edelsüss
4 Esslöffel sehr fruchtiges, kaltgepresstes Olivenöl
Grobes Meersalz

◆

Dazu:
Landbrotscheiben
Gesalzene oder ungesalzene Butter

1. Die Zwiebeln schälen und in feine Streifen schneiden. In eine Schüssel geben, mit dem Öl beträufeln und mit dem groben Salz bestreuen. Alles gut mischen.
2. Die Zitrone mit einem Sparschäler schälen, um sie nicht zu beschädigen. Die Zitrone längs vierteln und anschließend in 3 mm dicke Spalten schneiden. In die Schüssel zu den Zwiebeln geben und unterheben.
3. Den Koriander waschen, trockentupfen und grob zerkleinern. Mit dem Paprikapulver in die Schüssel zu den anderen Zutaten geben. Mischen und 1 Stunde im Kühlschrank ziehen lassen.
4. Die Brotscheiben leicht rösten und nach Geschmack mit gesalzener oder ungesalzener Butter bestreichen. Zum Salat reichen.

GELBE ZWIEBEL

›Jaune de Toulouse‹, ›Jaune de Mulhouse‹, ›Amarilla di Milano‹, ›Zittauer Gelbe‹, ›Senshyu‹, ›Express Yellow‹ – diese Zwiebelsorten und viele andere mit goldener oder kupferfarbener Schale lassen sich sehr gut lagern und sind in der Küche am weitesten verbreitet. Es gibt sie in unterschiedlichsten Größen. Den Weltrekord hält die ›Kelsae‹, eine riesige birnenfömige Zwiebel von fünf Kilogramm. Gelbe Zwiebeln werden im allgemeinen gekocht verwendet.

LAUCHZWIEBEL

Vom Monat Mai an werden die länglichen oder runden Lauch- oder Frühlingszwiebeln mit ihren zartgrünen Stengeln bundweise auf unseren Märkten angeboten. Es handelt sich eigentlich um aus Samen gezogene und jung geerntete Zwiebeln. Diese kaum ausgeprägten Zwiebeln werden meist roh gegessen, fein geschnitten in grünen Blattsalaten oder mit Tomaten, oder für kurz gegarte Gemüse-, Fleisch- oder Fischgerichte verwendet.

LAMPION-CHILI

Um die Schärfe der Paprikagewächse zu messen, gibt es eine Skala, die die Konzentration des Capsaicins mißt, eine ölige, wasserfeste Substanz, die sich auch durch Kochen in ihrer Schärfe nicht verändert. Diese Skala reicht von null Einheiten Scoville – etwa für den Gemüsepaprika - bis zu 300 000 Einheiten Scoville für den Habanero- oder Scotch-Bonnet-Chili, der mit dem Lampion-Chili der Antillen gleichzusetzen ist.

Chili-Püree mit Knoblauch

Für 6 Personen
Zubereitung: 10 Minuten

◆

500 G LAMPION-CHILLIES ODER ANDERE SCHARFE CHILISCHOTEN
8 ZEHEN JUNGER KNOBLAUCH
25 G FRISCHER INGWER
200 ML ESSIG
1 TEELÖFFEL ZUCKER
SALZ

1. Die Chillies waschen und grob hacken. Dabei je nach gewünschter Schärfe die Kerne entfernen; in ihnen ist die größte Schärfe konzentriert. Knoblauchzehen und Ingwer schälen und beides in feine Scheiben schneiden.
2. Chillies, Knoblauch und Ingwer mit Salz und Zucker im Mixer zu einer dicken Paste verarbeiten, dann, ohne das Gerät abzustellen, den Essig zugeben.

Dieses Püree hält sich in gut verschlossenen Gläsern mehrere Monate im Kühlschrank. Es paßt zu exotischen Gerichten, aber auch zu kaltem Fleisch.

GEWÜRZPAPRIKA

Die Archäologen behaupten, die Mexikaner äßen Chillies seit mehr als 9000 Jahren und bauten sie seit 6000 Jahren an. Nachweislich zum erstenmal erwähnt wird der Chili 1493: Doktor Chauca war mit Christoph Kolumbus auf Forschungsreise und berichtete, daß die Indios eine geschälte Pflanze gebrauchten, den *agi*, um ihre Speisen zu würzen. Es handelt sich dabei um die Frucht des *Capsium frutescens*, eine tropische Staude, von der es zahlreiche verschiedene Arten gibt und zu der auch der Gemüsepaprika gehört. Es gibt sehr viele verschiedene Sorten dieser Pflanze, die unterschiedlich scharf sind, unterschiedlich gefärbt und unterschiedlich groß. Gewürzpaprika geben unserer Küche ein sonniges Aroma, das an südliche Länder erinnert, und verleihen ihr einen Hauch von Exotik.

Vogelaugen-Chili

Überall auf der Erde gibt es Chillies: Ungarischen Paprika, den *jalapeño*, wie er in ganz Mexiko frisch, getrocknet oder geräuchert verwendet wird, den japanischen *toragashi*, klein, grün und sehr scharf, den *prik*, wie die scharfen Chillies in Thailand heißen, oder auch den *kashmiri* aus Indien. Überall werden Chillies wegen ihrer Schärfe, aber auch wegen ihres besonderen Geschmacks gegessen. Chilischoten verwendet man frisch, getrocknet, gemahlen, geschrotet oder auch in Öl eingelegt, in Saucen und besonders in festen Pasten, die immer rot sind und uns in ihrem Aussehen und Geschmack an ferne Länder erinnern. Der Vogelaugen-Chili gehört, frisch, getrocknet oder gemahlen, neben dem Cayennepfeffer und dem Lampion-Chili zu den am häufigsten gebrauchten Sorten. Meist stammt er aus Asien oder von den Antillen, und wie die anderen Chilisorten besitzt auch er nicht nur Schärfe, sondern auch einen eigenen Geschmack.

Vogelaugen-Chillies und Auberginen in Essig

Für 500 g als Beilage
Zubereitung: 10 Minuten
Einlegezeit: 1 Monat

◆

250 g Vogelaugen-Chillies
250 g kleine grüne Auberginen
Essig
1 Esslöffel grobes Meersalz

1. Die Auberginen von ihren Stengeln lösen und mit der Hälfte der Salzmenge 1 Minute in kochendes Wassser geben.
2. Die Chilischoten mit dem restlichen Salz ebenfalls 1 Minute in kochendes Wasser geben.
3. Auberginen und Chilischoten abgießen, abtropfen lassen und auf einem Tuch ausbreiten, damit sie so trocken wie möglich werden.
4. Die Chilischoten und die Auberginen in ein großes oder mehrere kleinere Gefäße geben und mit dem Essig bedecken. Verschließen und 1 Monat an einem kühlen, trockenen Ort aufbewahren, bevor man sie probiert.

Eine Beilage, die zu verschiedensten Salaten, aber auch zu kaltem Fleisch oder Fisch paßt.
Die hier verwendeten kleinen Auberginen kommen aus Asien, wo sie nur als Beilage gegessen werden.

FRUCHTGEMÜSE

Aubergine, Zucchini, Tomate, Paprika: Sie alle sind Früchte – Früchte, die wir als Gemüse essen. Am außergewöhnlichsten von allen ist die Tomate, auf die wir heute gar nicht mehr verzichten könnten. Das gilt auch für die Kartoffel, die um dieselbe Zeit, nach 1500 nämlich, zu uns kam.
Da die Tomate zu den Nachtschattengewächsen gehört, bei denen es einige zum Teil sehr giftige Pflanzen gibt, lehnte man sie anfangs ab. Erst 1778 tauchte sie in dem berühmten Katalog der Gärtnerei Vilmorin-Andrieux in der Rubrik der Gemüsepflanzen auf, wo sie einige Jahre früher noch als Zierpflanze geführt worden war. Von Europa reiste die Tomate mit den ersten Siedlern nach Nordamerika: ein langer Weg zurück zu dem Kontinent, von dem sie einst gekommen war.

Weisse Aubergine

Die Aubergine stammt aus Indien, wo sie von alters her bekannt ist. Erst im 14. Jahrhundert tauchte sie in Europa auf, in Italien, wohin sie wahrscheinlich über den Mittleren Osten und Afrika gelangte. Von Europa aus ging es weiter nach Amerika. Doch was mußte sie nicht alles aushalten: »Apfel der Verrückten« wurde sie genannt. Denn wie die Tomate gehört die Aubergine zur Familie der Nachtschattengewächse, deren Vertreter alle als höchst suspekt galten – besonders die tödliche Tollkirsche, die zudem ebenso violett schimmert wie die Aubergine.
Inzwischen wird die Aubergine weltweit geschätzt. Auberginenpflanzen benötigen ein gemäßigtes, warmes Klima wie etwa am Mittelmeer. Die Früchte sind glatt und fleischig, länglich oder rund. Die Farbe wechselt mit der Sorte: Weiß, Gelb, Blaßlila, Violett oder fast Schwarz. Manche sind sogar leicht geflammt. Weiße Auberginen schmecken besonders mild und süß.

Auberginenpüree

Für 4 Personen
Vorbereitung: 15 Minuten
Garzeit: 30 Minuten

◆

3 längliche, weisse Auberginen von je 250 g
3 Esslöffel fruchtiges, kaltgepresstes Olivenöl
2 Esslöffel Zitronensaft
1 Knoblauchzehe
6 Prisen gemahlener Kreuzkümmel
Salz

1. Den Backofen- oder Gartengrill vorheizen. Die Auberginen waschen und trockenreiben.
2. Die Auberginen von allen Seiten grillen, bis ihre Haut braun wird. Das dauert etwa 30 Minuten.
3. Die Auberginen aus dem Ofen nehmen, schälen und in den Mixer geben. Den durchgepreßten Knoblauch mit Öl, Zitronensaft, Salz und Kreuzkümmel zugeben und – nach Geschmack – mehr oder weniger fein pürieren.

Dieses Püree wird lauwarm oder kalt gegessen. Servieren Sie es als Vorspeise mit geröstetem Brot, mit Tapenade, einer Olivenpaste mit Anchovis und Kapern, oder mit in Balsamessig eingelegten Anchovis und gegrillten Paprikaschoten. Probieren Sie es zu gegrilltem Fisch oder kaltem Braten. Man kann auch mehr Öl und weniger Zitronensaft zugeben.

Auberginen mit Mozarella-Füllung

Für 3 Personen
Vorbereitung: 20 Minuten
Garzeit: 1 Stunde

◆

3 runde, weisse Auberginen von je 150 g
200 g Büffel-Mozzarella
300 g reife Tomaten
1 Teelöffel Oregano
3 Esslöffel kaltgepresstes Olivenöl
2 Prisen Zucker
Salz
und frisch gemahlener Pfeffer

1. Den Backofen auf 240 °C vorheizen. Die Auberginen waschen und den Stielansatz abschneiden. Die Früchte dann der Länge nach halbieren. Das Fruchtfleisch mit einem kleinen Messer so auslösen, daß ein Rand von ½ cm stehenbleibt. Das Fruchtfleisch fein hacken und in eine Schüssel geben.
2. Die Mozzarella in ungefähr 1 cm große Würfel schneiden. Mit 1 Eßlöffel Olivenöl, Salz, Pfeffer und der Hälfte des Oregano ebenfalls in die Schüssel geben.
3. Die Tomaten 10 Sekunden in kochendes Wasser legen, dann mit kaltem Wasser abschrecken und die Haut abziehen. Die Kerne entfernen und das Fruchtfleisch grob hacken. Mit dem restlichen Oregano, Zucker und Salz in eine kleine Schüssel geben.
4. Eine ofenfeste Form, in die die Auberginenhälften gerade hineinpassen sollten, leicht einölen. Die Auberginenhälften etwas einölen und die Mozzarella-Füllung hineingeben. Die Auberginen nebeneinander in die Form setzen und die gehackten Tomaten darüber verteilen. Das restliche Öl darüberträufeln und 2 Eßlöffel Wasser auf den Boden der Form geben. Die Auberginen 1 Stunde im Ofen backen. In der Zwischenzeit eventuell noch etwas Wasser auf den Boden der Form geben.
5. Die Auberginen aus dem Ofen nehmen und auf einer Platte anrichten. Lauwarm oder auf Zimmertemperatur abgekühlt servieren.

Auberginen vom Grill

Für 4 Personen
Vorbereitung: 10 Minuten
Garzeit: 4 Minuten

◆

2 WEISSE ODER VIOLETTE AUBERGINEN VON JE 350 G
4 ESSLÖFFEL SEHR FRUCHTIGES KALTGEPRESSTES OLIVENÖL
FEINES MEERSALZ, VORZUGSWEISE FLEUR DE SEL DE GUÉRANDE

1. Die Stielansätze der Auberginen abschneiden. Die Früchte waschen und trockenreiben. Längs in 1 cm dicke Scheiben schneiden. Die Schale nicht entfernen.
2. Einen Grill vorheizen. Die Auberginenscheiben etwa 4 Minuten bei mäßiger Hitze grillen. Die Scheiben dabei so drehen, daß ein Gittermuster entsteht.
3. Die Auberginenscheiben auf eine große Platte legen, ohne daß sie sich überlappen. Mit Olivenöl beträufeln, mit dem Salz bestreuen und sofort servieren.

Reichen Sie die Auberginen zum Beispiel zusammen mit eingelegten Anchovis, Kapern, schwarzen Oliven oder vielleicht gegrillten Paprikastreifen.

Eierfrucht

Es gibt Auberginensorten, zu denen paßt der Name Eierfrucht ganz offensichtlich: Sie sind nämlich klein und glatt und so groß wie ein Hühnerei. Sie können weiß, zartgrün oder gelb sein und wachsen in Trauben. Besonders wohl fühlen sie sich zum Beispiel auf einem geschützten sonnigen Balkon. Man ißt die Früchte jung. Besonders gut schmecken sie gedünstet oder in Essig eingelegt.

Auberginen in Essig

Für 6 Personen
Vorbereitung und Garzeit: 30 Minuten,
2 Stunden im voraus
Einlegezeit: 5 Tage

◆

500 g kleine weisse oder violette Auberginen
400 ml milder Essig
Traubenkernöl
3 Esslöffel grobes Meersalz
12 kleine Knoblauchzehen
8 Salbeiblätter
6 Gewürznelken
4 getrocknete Vogelaugen-Chillies
2 Esslöffel rosa Pfeffer

1. Die Auberginen waschen und die Stielansätze entfernen. Die Auberginen längs vierteln, dann in 2 cm dicke Spalten schneiden.
2. Den Essig und 600 ml Wasser in einem großen Topf zum Kochen bringen. Das grobe Salz zugeben. Umrühren und die Auberginen hineingeben. Vom Aufkochen an 3 Minuten weiterkochen lassen. Dabei die Auberginen mit einem Schaumlöffel ständig unter Wasser halten und immer wieder umdrehen.
3. Die Auberginen in einem Sieb 2 Stunden abtropfen lassen, anschließend auf einem Tuch auslegen. Sie sollten möglichst trocken sein.
4. Die Knoblauchzehen schälen. Die Auberginenspalten abwechselnd mit dem Knoblauch, dem Salbei, den Nelken, den Chilischoten und dem rosa Pfeffer in zwei Gläser mit ½ Liter Fassungsvermögen schichten. Öl in die Gläser füllen. Die Auberginen müssen ganz von Öl bedeckt sein. Die Gläser verschließen und in den Kühlschrank stellen. Die Auberginen sollten vor dem Öffnen mindestens 5 Tage durchziehen. Sie halten sich im Kühlschrank mehrere Monate.

In Essig eingelegte Auberginen passen zu Rohkostplatten, gegrilltem Paprika, kaltem oder warmem Fleisch oder Geflügel, Pasteten, eingelegtem, geräuchertem oder gedämpftem Fisch, warm oder kalt serviert. Man kann die Auberginen auch abtropfen lassen und anschließend mit Olivenöl beträufeln.
Das hier verwendete Traubenkernöl hat den Vorzug, neutral zu schmecken und im Kühlschrank seine Konsistenz nicht zu verändern.

Auberginen in Gewürzessig

Für 6 Personen
Vorbereitung: 15 Minuten
Garzeit: 10 Minuten

◆

1 kg kleine gelbe oder weisse Eierfrüchte
6 Gewürznelken
50 g frischer Ingwer
2 Esslöffel zerstossener Pfeffer
4 Stengel frischer Fenchel
200 ml Rotweinessig
1 Esslöffel grobes Salz

1. Den Ingwer schälen und in feine Scheiben schneiden. Die Auberginen waschen und längs vierteln, aber nur bis zum Stielansatz einschneiden, damit die Früchte zusammenhalten.
2. Die Auberginen 5 Minuten in kochendes Wasser legen, dann abtropfen lassen.
3. Die Auberginen in einen Topf geben. Das Salz und den Essig zugeben. Knapp mit Wasser bedecken. Den Pfeffer, die Nelken, die in mehrere Teile gebrochenen Fenchelstengel und den Ingwer zugeben. Zum Kochen bringen und 5 Minuten garen lassen.
4. Die Auberginen in dem Sud erkalten lassen. Im Kühlschrank aufbewahren, wo sie sich 1 Woche halten.

Wie andere eingelegte Gemüse auch, passen diese Auberginen am besten zu kaltem Fleisch.

Gurke

Gurken werden in Indien und in Pakistan seit langem angebaut, und in Afrika und in Asien wachsen sie wild. Selbstverständlich ähneln diese weniger den großen Schlangengurken mit glatter Schale, sondern eher den kleinen mit warziger Schale, die man im Sommer auf dem Markt kauft und dann einlegt. Manche Gurken sind lang und wenig fleischig wie die Sorte ›Chinesische Schlangen‹, andere gelb oder weiß. Der Kiwano, auch Stachelmelone genannt, ist zwischen Gurke und Kiwi angesiedelt. Er ist orangefarben, oval und hat eine Schale mit kleinen spitzen Warzen. Der ›Lemon‹ ist so groß und so gelb wie eine dicke Zitrone. Er hat zartgrünes, süßes Fruchtfleisch voll weißer Kerne.

Cornichon

Cornichons gehören zur selben Familie wie alle anderen Gurken. Sie werden jung gepflückt und können wie andere auch als Salat mit einer Vinaigrette zubereitet werden. Außer den kleinen Cornichons, die wir eingelegt kennen, sollte man ›Piccolo bianco di Parigi‹ nennen, eine kleine, milchigweiße Sorte, die sehr gut frisch schmeckt, und ›Amélioré de bourbonne‹, eine lange, schlanke Sorte mit festem Fleisch.

Gurkencreme

Für 6 Personen
Zubereitung: 10 Minuten
Wartezeit: 1 Stunde

◆

4 kleine Gurken von je 150 g
500 g Schichtkäse mit 40 % Fettgehalt
2 Teelöffel feines Meersalz
Frisch gemahlener Pfeffer

1. Die Gurken waschen. Mit einem Sparschäler so schälen, daß abwechselnd immer ein Streifen Schale stehen bleibt. Die Gurken längs halbieren und die Kerne entfernen. Auf einem Gemüsehobel oder in der Küchenmaschine in sehr feine Scheiben schneiden.
2. Die Gurken in ein rostfreies Sieb geben, mit Salz vermischen und 1 Stunde abtropfen lassen.
3. Den Schichtkäse in ein Tuch und dann in ein zweites rostfreies Sieb geben und ebenfalls 1 Stunde abtropfen lassen.
4. Den abgetropften Schichtkäse in einer Schüssel mit einem Schneebesen aufschlagen und mit Pfeffer würzen. Die Gurken mit der Hand auspressen, um möglichst viel Wasser herauszudrücken. Dann mit dem Quark mischen.
5. Sofort servieren oder ½ Stunde im Kühlschrank durchkühlen lassen.

Diese Gurkencreme schmeckt sehr gut als Brotaufstrich, auf Rosinen-, Nuß-, Kreuzkümmel-, Roggen- oder anderem Vollkornbrot. Servieren Sie die Creme pur oder mit Oliven und Tomaten. Sie können auch etwas fruchtiges Olivenöl darüberträufeln und die Creme mit ein wenig naturbelassenem Meersalz bestreuen.

Rondini und gelbe Zucchini

Zucchini gehören zur selben Familie wie die Kürbisse. Man ißt sie jung und klein, ganz gleich, ob sie länglich oder rund, grün, gelb oder weiß sind. Im Frühling tragen die Pflanzen Blüten, die einfach ausgebacken oder gefüllt eine besondere Delikatesse sind. Die besten Zucchini haben eine helle Schale wie die Sorte ›Grisette de Provence‹. Runde Früchte, die Rondini, schmecken sehr gut klein, weil ihr Fruchtfleisch dann kaum faserig ist. Das gilt auch für die Sorte ›Tondo chiaro di Nizza‹, kugelrunde, kleine Früchte mit festem Fleisch, die sich sehr gut füllen lassen. Weiße Sorten wie ›Kussa‹, eine libanesische Zucchini, oder gelbe Sorten wie ›Gold Rush‹ oder ›Courgette banana‹ mit hübschen grünen Kernen schmecken sehr mild.

Zucchini-Auflauf

Für 4 Personen
Vorbereitung: 20 Minuten
Garzeit: 35 Minuten

◆

500 g kleine, weisse Zucchini
½ Liter Milch
1 Ei
1 Eigelb
50 g frisch geriebener Gruyère
1 Esslöffel Pfeilwurzmehl
2 Prisen gemahlener Zimt
2 Prisen gemahlene Muskatnuss
½ Teelöffel Zucker
½ Teelöffel Erdnussöl
Salz
und frisch gemahlener Pfeffer

1. Die Zucchini waschen. Den Stengel- und Blütenansatz entfernen. In einer Küchenmaschine mit dem Pommes-frites-Einsatz in Stifte schneiden. In einem Schälchen mit einer Gabel 2 Eßlöffel Milch mit dem Pfeilwurzmehl verrühren.
2. Die restliche Milch in einem Topf mit schwerem Boden zum Kochen bringen. Dann die Zucchinistifte, Zimt, Muskatnuß, Pfeffer, Salz und Zucker zugeben. Alles 10 Minuten kochen lassen. Das aufgelöste Pfeilwurzmehl mit einem Holzlöffel vorsichtig hineinrühren und 1 Minute kochen lassen, bis die Milch anfängt, dick zu werden. Vom Herd nehmen.
3. Den Backofen auf 200 °C vorheizen. Das ganze Ei mit dem Eigelb in einem Schälchen verschlagen, dann den Käse zugeben. Zu der Zucchinimasse geben und gut verrühren.
4. Eine ofenfeste Form mit Öl einfetten, und die Masse hineingeben. Die Oberfläche glattstreichen, und die Form in den Ofen schieben. Etwa 25 Minuten backen, bis die Oberfläche goldgelb ist. Heiß in der Form servieren.

Dieser Zucchini-Auflauf paßt sehr gut zu gegrilltem oder gebratenem Lammfleisch, Geflügel oder Kalbfleisch. Man kann ihn jedoch auch kalt essen und dazu eine Tomatensauce servieren.

Gebackene Sommergemüse

Für 6 Personen
Vorbereitung: 30 Minuten
Garzeit: 1 Stunde 10 Minuten

◆

400 g gelbe Zucchini
500 g gelbe oder orangefarbene Paprika
750 g reife, aber feste Tomaten ohne Kerne
500 g Lauchzwiebeln
6 Lorbeerblätter
1 Zweig frischer Thymian
1 Zweig frisches Bohnenkraut
2 Knoblauchzehen
6 Esslöffel Olivenöl
Salz
und frisch gemahlener Pfeffer

1. Die Lauchzwiebeln schälen, waschen und einschließlich der zartgrünen Teile hacken. Die Zucchini und die Tomaten ebenfalls waschen und trockenreiben. Die Zucchini schräg in ½ cm dicke Scheiben schneiden. Die Tomaten in ebenso viele feine Scheiben schneiden. Die Paprikaschoten mit dem Sparschäler schälen, längs halbieren und die Kerne entfernen. Dann in feine Streifen schneiden. Die Knoblauchzehen schälen und fein hacken. Die Blättchen von Thymian und Bohnenkraut abstreifen.
2. Den Backofen auf 200 °C vorheizen. In einer beschichteten Pfanne 4 Eßlöffel Öl erhitzen und die Zwiebeln darin 5 Minuten bei schwacher Hitze anschwitzen. Den Knoblauch, Salz und Pfeffer zugeben und weitere 2 Minuten dünsten.
3. Eine ofenfeste 26 x 18 cm große Form ölen. Die Zucchini- und die Tomatenscheiben abwechselnd mit den Paprikastreifen in vier parallelen Reihen längs in die Form schichten. Mit den Zwiebeln, dem Thymian und dem Bohnenkraut bestreuen. Ab und zu ein Lorbeerblatt zwischen das Gemüse schieben. Mit dem restlichen Öl beträufeln, salzen und pfeffern.
4. Das Gemüse 1 Stunde im Ofen backen. Dabei darauf achten, daß es zusammenbackt, aber nur ganz leicht bräunt. Heiß oder lauwarm in der Form servieren.

Rondini mit Frischkäsefüllung

Für 6 Personen
Vorbereitung: 20 Minuten
Garzeit: 45 Minuten

◆

1,2 kg kleine Rondini (etwa 12 Stück)
2 Zweige frischer Oregano
2 Esslöffel mildes, kaltgepresstes Olivenöl
6 Körner rosa Pfeffer
Salz und frisch gemahlener Pfeffer

◆

Für die Füllung:
250 g frische *Brousse de Brébis* (Frischkäse aus Schafsmilch), ungesalzene Ricotta oder korsischer *Broccio*
20 g geriebenes Brot
2 Esslöffel frisch geriebener Parmesan
1 Esslöffel Pinienkerne
36 Korinthen
Schnittlauchröllchen
Salz
und frisch gemahlener Pfeffer

1. Die Stielansätze der Zucchini abschneiden und die Zucchini unter fließendem Wasser abbürsten. Dann waagerecht halbieren und 15 Minuten dämpfen. Anschließend mit einem Kugelausstecher bis auf einen Rand von 1 cm aushöhlen.
2. Während die Zucchini garen, die Füllung zubereiten: Das geriebene Brot im Mixer fein mahlen. Den Frischkäse mit einer Gabel auf einem Teller zerdrücken und das geriebene Brot, Parmesan, Korinthen, Pinienkerne, Schnittlauch, Salz und Pfeffer zugeben. Gut mischen.
3. Den Backofen auf 200 °C vorheizen. Eine ofenfeste Form, in die die Zucchini nebeneinander passen, leicht ölen. Die abgekühlten Zucchinihälften mit Küchenpapier innen gut trockentupfen. So viel von der Füllung hineingeben, daß ein kleiner Berg entsteht.
4. Die Zucchinihälften nebeneinander in die Form setzen und mit dem restlichen Öl beträufeln. Mit Oregano und rosa Pfeffer bestreuen, in den Ofen schieben und 30 Minuten backen lassen. Heiß in der Form servieren.

Die Zucchinikügelchen, die durch das Aushöhlen übrigbleiben, können später sehr gut für eine Suppe weiterverwendet werden.

Gelber Zucchini-Salat mit Knoblauch und Minze

Für 4 Personen
Vorbereitung: 15 Minuten
Garzeit: 3 Minuten

◆

750 g kleine, gelbe Zucchini
¼ Liter milder Essig
1 Esslöffel kräftiger Rotweinessig
4 Esslöffel Olivenöl
Abgeriebene Schale einer Limette
24 Blättchen Minze
½ Teelöffel Oregano
2 Knoblauchzehen
1 Esslöffel grobes Meersalz
Salz
und frisch gemahlener Pfeffer

1. Die Zucchini waschen, Stengel- und Blütenansatz entfernen und in 2 cm dicke Scheiben schneiden.
2. Den milden Essig mit 600 ml Wasser in einem großen Topf zum Kochen bringen. Das grobe Meersalz zugeben, umrühren und die Zucchinischeiben hinzufügen. Nach dem Wiederaufkochen des Wassers die Zucchini noch 3 Minuten kochen lassen, dabei häufig umrühren.
3. Die Knoblauchzehen schälen und durch eine Knoblauchpresse in eine Salatschüssel drücken. Die Limettenschale, die Minzeblättchen, Oregano, Rotweinessig, Öl, Salz und Pfeffer zugeben. Mit einer Gabel verschlagen und die Zucchinischeiben hinzufügen. Alles gut mischen. Man kann diesen Salat gleich servieren oder auch einige Stunden durchziehen lassen.

Sie können diesen Salat als Vorspeise reichen. Er paßt jedoch auch zu allen Arten von Fleisch, zu Meeresfrüchten und zu kaltem Fisch.

Zucchini in süßer Vinaigrette

Für 4 Personen
Vorbereitung: 10 Minuten
Garzeit: 5 Minuten

◆

400 g weisse Zucchini
4 Esslöffel Weissweinessig
2 Esslöffel Erdnussöl
2 Teelöffel Akazienhonig
Salz
und frisch gemahlener Pfeffer

1. Die Zucchini auf einem Gemüsehobel oder in einer Küchenmaschine in sehr feine Scheiben schneiden. Die Scheiben salzen, 5 Minuten dämpfen und anschließend gut abtropfen lassen.
2. In der Zwischenzeit den Essig mit dem Öl und dem Honig verschlagen. Mit Salz und Pfeffer würzen und über die gedämpften Zucchini geben.

Dieser Zucchinisalat schmeckt ausgezeichnet zu Meeresfrüchten und zu gedämpftem oder gegrilltem Fisch.

Spitzpaprika

Diese länglichen, unregelmäßig geformten, schmalen Paprikaschoten kommen aus Italien, Spanien und der Türkei. Die gelbe, aber auch grüne, rote oder gemaserte Frucht ist mild und würzig zugleich. Sie schmeckt, in feine Streifen geschnitten, sehr gut in Sommersalaten oder, in Olivenöl geschmort, zu Fleisch oder Fisch.

Spitzpaprika-Salat mit grünen Tomaten

Für 4 Personen
Zubereitung: 20 Minuten

◆

4 Spitzpaprika
4 grüne Tomaten
75 g Portulak
2 junge Schalotten
2 Esslöffel Schnittlauchröllchen
2 Stengel Basilikum
6 Esslöffel sehr fruchtiges, kaltgepresstes Olivenöl
1 Esslöffel Sherryessig
Salz

1. Paprika und Tomaten waschen. Die Schalotten schälen, waschen und abtropfen lassen. Den Portulak waschen und trockenschleudern.
2. Die Schalotten und die Paprikaschoten in sehr feine Ringe schneiden, dabei die Kerne der Paprika entfernen. Die Tomaten in Spalten schneiden.
3. Paprika mit Tomaten und Portulak in eine Schüssel geben und mit dem Öl beträufeln. Salzen und mischen. Mit Schalottenringen, Schnittlauch und Basilikum bestreuen und tropfenweise den Essig zugeben. Mischen und gleich servieren.

Sie können diesen Salat mit in Olivenöl eingelegtem Thunfisch und kleinen schwarzen Oliven abwandeln.

Gemüsepaprika

Zu uns gelangte der Paprika über Spanien. Dort wurde er bereits 1514 eingeführt. Auch in Südfrankreich wird er seit langem angebaut. Die alten Sorten mit so poetischen Namen wie ›Tendre de Châteaurenard‹, ›Gros carré de Lagnes ou de Cavaillon‹, ›Vert d'Antibes‹ oder ›Petit Marseillais‹ sind jedoch nur noch auf einigen provenzalischen Märkten zu finden. Sie machten Platz für leistungsfähigere Hybriden, den sogenannten »amerikanischen Paprika« in Grün oder Rot, eckig mit vier Ausbuchtungen, der den Markt heute beherrscht. In Ringe geschnitten haben die Früchte die Form hübscher, vierblättriger Kleeblätter mit dicken Rändern. Seit einiger Zeit findet man auch blaßgrüne, gelbe und violette Paprika auf dem Markt. Paprika ist zuerst immer grün. Erst reif färbt er sich, je nach Sorte, rot oder gelb. Der Geschmack variiert je nach Farbe. Der grüne schmeckt fruchtig herb, der rote, der alle Farbtöne von Korall- bis Karmesinrot annehmen kann, hat dickes, knackiges Fruchtfleisch und schmeckt süßlich, der gelbe ist saftig und sehr zart. Violetter Paprika ist eine niederländische Züchtung. Durch das Kochen verliert er leider seine Farbe, er wird wieder grün und schmeckt auch wie grüner Paprika.

Gegrillter Paprika mit Olivenöl

Für 6 Personen
Vorbereitung und Garzeit: 1 Stunde

◆

6 dickfleischige, rote Paprikaschoten
von je 250 bis 300 g
100 ml fruchtiges, kaltgepresstes
Olivenöl
6 Zehen junger Knoblauch
Salz

1. Den Backofen- oder Gartengrill vorheizen. Die Paprikaschoten waschen und trockenreiben.
2. Die Paprika von allen Seiten grillen, bis ihre Haut braun wird. Das dauert etwa 30 Minuten. Die Haut sollte jedoch nicht schwarz werden, weil die Früchte dann bitter schmecken.
3. Die Paprikaschoten in eine Schüssel legen, mit einem Deckel abdecken und 15 bis 20 Minuten abkühlen lassen. Danach läßt sich die Haut ganz leicht abziehen.
4. Die Paprikaschoten häuten und halbieren. Den Saft im Innern auffangen. Die Stielansätze, die Kerne und die weißen Rippen entfernen. Die Hälften dann längs in 3 bis 5 cm breite Streifen schneiden und wieder in die Schüssel zu dem aufgefangenen Saft geben.
5. Die Knoblauchzehen schälen und in feine Scheiben schneiden. Mit dem Öl und etwas Salz zu den Paprikastreifen geben und vermischen.

Servieren Sie diesen Salat lauwarm. Sie können ihn aber auch im Kühlschrank ein paar Stunden ziehen lassen oder sogar 48 Stunden aufbewahren. Zusammen mit Tomaten oder mit Auberginenpüree, Anchovisfilets, Oliven, vielleicht auch Mozzarella, wird er zu einer schmackhaften Vorspeise. Er paßt jedoch auch zu kaltem Fisch oder Fleisch. Mit Olivenöl, Knoblauchsaft, Salz und Cayennepfeffer püriert wird gegrillter Paprika zu einer feinen Sauce, die kalt oder warm sehr gut zu gedämpftem Fisch oder Meeresfrüchten schmeckt.

Paprikacremesuppe

Für 6 Personen
Vorbereitung: 20 Minuten
Garzeit: 30 Minuten

◆

1 kg milde gelbe Paprikaschoten
200 g Kartoffeln
1 kleine Karotte
1 Stengel Sellerie mit Blättern
1 grosse Lauchzwiebel
1 Zehe junger Knoblauch
1 Lorbeerblatt
100 ml fruchtiges Olivenöl
Salz
und frisch gemahlener Pfeffer

1. Die Paprikaschoten waschen und halbieren. Die Kerne, die weißen Rippen und den Stielansatz entfernen. Die Paprikaschoten in sehr kleine Stücke schneiden.
2. Die Karotte schälen und in feine Scheiben schneiden. Den Knoblauch und die Zwiebel schälen und mit dem Sellerie hacken. Dann die Kartoffeln schälen, waschen und grob würfeln.
3. Die Hälfte des Öls in einem beschichteten Schmortopf erhitzen und die Zwiebel mit dem Knoblauch, dem Sellerie und der Karotte darin andünsten. Wenn die Mischung goldgelb geworden ist, den Paprika zugeben und unter Rühren 2 Minuten weiterdünsten. Dann die Kartoffeln, das Lorbeerblatt, Salz und Pfeffer zugeben und knapp mit Wasser bedecken. Zum Kochen bringen, den Topf schließen und alles 30 Minuten kochen lassen.
4. Die Gemüsemischung durch den feinen Einsatz eines Passiergeräts rühren. Das Lorbeerblatt dabei entfernen. Man kann die Suppe auch im Topf pürieren. Dann muß sie jedoch anschließend durchgeseiht werden, um die Häute des Paprikas zu entfernen.
5. Die Suppe mit dem restlichen Olivenöl beträufeln, pfeffern und sofort servieren.

Diese Paprikacremesuppe schmeckt auch kalt ausgezeichnet. Sie können sie mehrere Stunden im Kühlschrank ziehen lassen und sie sogar mit Eiswürfeln als erfrischende Sommersuppe servieren.

TOMATE

Heute werden zahlreiche Tomatensorten angebaut, mit verschiedenen Farben, Formen und Größen. Doch die meisten alten Sorten findet man leider nur noch in Privatgärten, so daß wir die Einförmigkeit auf unseren Märkten nur bedauern können. Es gibt jedoch eine ganze Reihe Tomatensorten, die der ursprünglich aus den Anden stammenden Tomate recht ähnlich sind. Diese dicken, länglichen Früchte gleichen Paprikaschoten. Erst vor kurzem kamen sie aus den Andenländern wieder zu uns. Die Früchte schmecken vorzüglich. Sie erinnern in Form und Geschmack an die länglichen italienischen Sorten wie ›San Marzano‹ oder ›Roma‹.

Fleischtomate

Diese großen, unregelmäßig geformten Früchte haben nur wenige Kerne im Innern. Eine besonders schöne herzförmige Sorte kommt aus Italien. Mit ihrem saftigen milden Fruchtfleisch voller Aroma eignen sich diese Tomaten besonders für Salate.

Tomatensalat mit Petersilie

Für 4 Personen
Zubereitung: 20 Minuten, 1 Stunde im voraus

◆

500 g rote, reife Tomaten, wenn erhältlich Flaschen- oder Fleischtomaten
250 g Lauchzwiebeln
36 Stengel glatte Petersilie
1½ Esslöffel Zitronensaft
1½ Esslöffel sehr fruchtiges, kaltgepresstes Olivenöl
Salz und frisch gemahlener Pfeffer

1. Die Tomaten waschen und in 1 cm große Würfel schneiden. Die Kerne dabei entfernen. Die Zwiebeln schälen und sehr fein hacken. Die Petersilie waschen, trockentupfen und grob hacken.
2. Die Tomaten, die Zwiebeln und die Petersilie in eine Schüssel geben. Salz, Pfeffer, das Öl und den Zitronensaft zugeben und vermischen. Vor dem Servieren 1 Stunde im Kühlschrank durchziehen lassen.

Dieser Salat paßt ausgezeichnet zu gegrilltem Fleisch oder Fisch.

Geflammte Tomate

›Rayon de soleil‹, ›Tigrella‹ – so heißen diese Tomatensorten mit ihrem außergewöhnlichen Kleid. Sie sind rot-gelb geflammt mit sehr festem Fruchtfleisch und enthalten nur wenig Kerne. Sie sind schön und originell anzusehen und schmecken sehr gut als Salat, eignen sich aber auch ausgezeichnet zum Füllen.

Karamelisierte Tomaten

Für 4 Personen
Vorbereitung: 10 Minuten
Garzeit: 1 Stunde

◆

6 große reife Tomaten von je 250 g, nach Möglichkeit eine gerippte oder kernlose Sorte
2 Esslöffel brauner Zucker
25 g Butter
Salz
und frisch gemahlener Pfeffer

1. Den Backofen auf 225 °C vorheizen. Die Tomaten 10 Sekunden in kochendes Wasser legen, dann unter fließendem kaltem Wasser abschrecken und häuten. Die Früchte danach waagerecht halbieren und die Kerne entfernen.
2. Eine große, ofenfeste Form leicht einölen und die Tomaten nebeneinander mit der Schnittfläche nach oben hineinlegen. Mit dem restlichen Öl beträufeln und mit dem Zucker bestreuen.
3. Die Form in den Ofen stellen und die Tomaten 1 Stunde backen, bis sie karamelisiert sind, der Zucker sich also in Karamel verwandelt hat. Mit Salz und Pfeffer würzen, Butterflöckchen daraufsetzen und sofort servieren.

Karamelisierte Tomaten passen gut zu gebratenem und gegrilltem Fleisch, aber auch zu Fisch.

Tomaten mit Reisfüllung

Für 6 Personen
Vorbereitung: 15 Minuten
Garzeit: 30 Minuten

◆

12 reife, aber feste, rote oder orangefarbene Tomaten mit wenig Kernen
3 Esslöffel Langkornreis
100 g frisch geriebener Parmesan
4 Esslöffel glatte Petersilie, fein gehackt
4 Esslöffel kaltgepresstes Olivenöl
6 Prisen geriebene Muskatnuss
Salz
und frisch gemahlener Pfeffer

1. Den Reis knapp gar kochen, abgießen und gut abtropfen lassen.
2. Den Backofen auf 170 °C vorheizen. Die Tomaten waschen und trockentupfen. Die Früchte so aufschneiden, daß ein Deckelchen entsteht, und aushöhlen. Das Fruchtfleisch und die Deckelchen hacken und mit dem Reis, dem Parmesan, der Petersilie, der Hälfte des Öls, Salz, Pfeffer und Muskatnuß in einer Schüssel vermischen.
3. Eine ofenfeste Form, in die die Tomaten nebeneinander hineinpassen, einölen. Die Reisfüllung in die Tomaten geben und sie nebeneinander in die Form stellen. Mit dem restlichen Öl beträufeln und im Ofen 30 Minuten backen lassen. Heiß in der Form servieren.

Tomaten-Tarte mit Käse

Für 6 Personen
Vorbereitung: 20 Minuten
Garzeit: 30 Minuten

◆

250 g Mürbeteig
4 dicke, gerippte reife Tomaten
400 g junger Hartkäse wie Tomme oder Cantal
1 Esslöffel scharfer Senf
24 kleine, schwarze Oliven
6 Prisen zerriebener Oregano
2 Esslöffel kaltgepresstes Olivenöl
Salz
und frisch gemahlener Pfeffer

1. Den Backofen auf 170 °C vorheizen. Die Tomaten waschen, trockenreiben und in 1 cm dicke Scheiben schneiden. Die Kerne entfernen. Die Scheiben von beiden Seiten mit Salz bestreuen und abtropfen lassen, den Käse in ½ cm breite Streifen schneiden.
2. Eine Quicheform mit einem Durchmesser von 28 cm mit Öl einfetten. Den Teig ausrollen und die Form damit auskleiden. Den Boden einige Male mit einer Gabel einstechen und mit dem Senf bestreichen. Den Käse darauf verteilen.
3. Die Tomatenscheiben mit Küchenkrepp trockentupfen und auf dem Käse verteilen. Mit Oliven garnieren und mit Öl beträufeln. Mit Oregano und Pfeffer bestreuen. Die Tarte in den Backofen schieben und 30 Minuten backen. Heiß oder lauwarm servieren.

Grüne Tomate

Diese Tomaten sind, trotz ihrer grünen Farbe, reif. Die echten grünen Sorten wie die fruchtig süß schmeckende ›Evergreen‹ oder die dunkel oder gelb geflammte ›Zebra Green‹, die nicht größer als eine Pflaume wird, findet man äußerst selten. Doch auch einfach grün gepflückte oder grün gekaufte Tomaten schmecken ausgezeichnet.

Chutney aus grünen Tomaten

Für 4 Personen
Vorbereitung: 20 Minuten
Garzeit: 15 Minuten

◆

1 kg grüne Tomaten
50 g frischer Ingwer
3 Esslöffel Rosinen
2 gestrichene Esslöffel Zucker
1 getrocknete Cayennepfefferschote
1 Esslöffel Kreuzkümmelsamen
1 Esslöffel kaltgepresstes Olivenöl
Salz

1. Die Tomaten waschen, trockentupfen und grob hacken. Den Ingwer schälen und auf einer Reibe fein raspeln.
2. Das Öl in einer beschichteten Pfanne oder einem Schmortopf mit 24 cm Durchmesser erhitzen. Die Tomaten, den geraspelten Ingwer, die Rosinen, Zucker und Salz hineingeben. Vermischen und 15 Minuten dünsten. Dabei von Zeit zu Zeit umrühren.
3. Die Pfefferschote zerreiben und mit dem Kreuzkümmel in einer trockenen Pfanne 30 Sekunden anrösten.
4. Wenn die Tomatenmischung gar ist, den gerösteten Kreuzkümmel und die Pfefferschote zugeben. Vermischen, dann abkühlen lassen. Das Chutney im Kühlschrank aufheben.

Dieses Chutney hält sich im Kühlschrank eine Woche. Es paßt zu den unterschiedlichsten warmen und kalten Gerichten, aber auch einfach zu Reis.

Konfitüre aus grünen Tomaten

Für etwa 900 g Konfitüre
Vorbereitung: 15 Minuten, 2 Stunden im voraus
Garzeit: 5 Minuten

◆

500 g grüne Tomaten
500 g Gelierzucker
1 Streifen Zitronenschale
1 Stange Zimt
6 Gewürznelken

1. Die Tomaten waschen und vierteln. Dabei die Stielansätze entfernen. Jedes Viertel in vier Teile schneiden und mit den Gewürzen, der Zitronenschale und dem Zucker in einer Schüssel mindestens 2 Stunden durchziehen lassen.
2. Die Zutaten in einem großen Topf schnell erhitzen und 5 Minuten kochen. Dabei von Zeit zu Zeit umrühren, dann vom Herd nehmen.
3. Die Konfitüre in ein großes oder mehrere kleinere Gläser füllen. Diese verschließen, solange die Konfitüre noch heiß ist. Abkühlen lassen. Dann an einem kühlen, dunklen Ort oder im Kühlschrank aufbewahren.

Probieren Sie diese Konfitüre wie jede andere auch zum Frühstück auf geröstetem Brot, zu Sandkuchen, Rosinenbrot oder Zwieback.

Grüner Tomatensalat

Für 6 Personen
Zubereitung: 20 Minuten

◆

500 g große, gerippte grüne Tomaten
1 reife, aber noch feste Avocado von 300 g
300 g geräucherter italienischer Käse, beispielsweise *Scamorza affumicata*
1 Scheibe roher Räucherschinken von 100 g
2 Zehen junger Knoblauch
24 Basilikumblätter
4 Esslöffel fruchtiges, kaltgepresstes Olivenöl
2 Esslöffel Zitronensaft
Salz und frisch gemahlener Pfeffer

1. Die Tomaten und den Schinken in 1 cm große Stückchen schneiden. Den Käse in 1,5 cm große Würfel schneiden. Den Knoblauch schälen und in feine Scheiben schneiden. Auch die Avocado in 1 cm große Würfel schneiden und mit dem Zitronensaft beträufeln.
2. Die Tomaten in eine Salatschüssel geben. Die Knoblauchscheiben und das Öl zugeben. Salzen, pfeffern und vermischen. Den Käse hinzufügen und unterheben. Die Schinkenstückchen und die abgetropften Avocadowürfel zugeben und mit den Basilikumblättchen bestreuen. Vorsichtig ein letztes Mal vermischen und sofort servieren.

Dreierlei Tomaten in Essig

Für 1 kg Tomaten
Zubereitung: 20 Minuten
Einlegezeit: 1 Monat

◆

1 kg rote, grüne und gelbe Cocktailtomaten
Ein milder Essig
6 Gewürznelken
2 Stückchen Muskatblüte
1 Zimtstange

1. Die Tomaten waschen und trockenreiben. Jede Tomate mit einer Nadel einige Male einstechen und die Früchte auf mehrere Gläser verteilen.
2. In jedes Glas etwas von den Nelken, der Muskatblüte und dem Zimt geben. Alles mit Essig bedecken. Die Gläser verschließen und an einem kühlen, dunklen Ort aufbewahren. Nach 1 Monat können die Tomaten serviert werden.

Eingelegte Tomaten passen zu allen Arten von kaltem Fleisch, zu rohem Schinken oder luftgetrocknetem Rindfleisch wie Bresaola oder Bündner Fleisch.

Physalis-Kompott mit Zitrone

Für 4 Personen
Vorbereitung: 30 Minuten, 1 Stunde im voraus
Garzeit: 10 Minuten

◆

500 G PHYSALIS
300 G ZUCKER
1 UNBEHANDELTE ZITRONE

1. Die Zitrone waschen und mit einem Zestenreißer die Schale ablösen.
2. Die Hülle und den Stiel der Physalis entfernen. Die Früchte in einen Topf geben, den Zucker und die Zitronenschale hinzufügen und alles 1 Stunde durchziehen lassen, bis der Zucker sich aufgelöst hat.
3. Den Topf bei starker Hitze auf den Herd stellen und ununterbrochen rühren. Nach 5 bis 6 Minuten hat sich der Zucker in einen aromatischen Sirup verwandelt, und die Physalis beginnen aufzuplatzen. Sofort die Früchte aus dem Sud heben, abtropfen lassen und in eine Schale geben.
4. Den Sirup bei starker Hitze reduzieren, bis er dickflüssig geworden ist. Dann über die Früchte gießen. Abkühlen lassen. Vor dem Servieren mehrere Stunden im Kühlschrank durchkühlen lassen.

Die Physalis oder Kapstachelbeere ist mit der Tomate verwandt. Wie diese ist sie leicht säuerlich. Sie schmeckt auch roh vorzüglich.

Verzeichnis der Rezepte

Verzeichnis der Gemüse

KÜRBISSE

WURZELGEMÜSE

BLATTGEMÜSE

WÜRZENDE GEMÜSE

FRUCHTGEMÜSE

DANKSAGUNG

Der Verlag dankt Jardins imaginaires, Le Potager d'un curieux, Marie Tortu, Cyril Skynazy, La Tuile à loup, La Maison ivre, Claudine Martin, Geneviève Lethu, Le Monde sauvage, The Conran Shop, Le Bon Marché, Le Jacquard français, Muriel Grateau, Autrement Kitchen, Art domestique ancien, Terre d'Hautaniboul, Gracieuse Orient, Artisanat de Ponce, Faux and Co, Retour d'escapades, Le Puceron chineur, Bocoray, Trous & Puces.

Aus dem Französischen übersetzt von Verena Vannahme
Redaktion: Britta Muellerbuchhof
Korrektur: Irmgard Perkounigg
Umschlaggestaltung: Horst Bätz
Herstellung: Dieter Lidl
Satz: DTP Josef Fink

Die Originalausgabe mit dem Titel *Les Légumes oubliés* wurde erstmals 1995 im Verlag Les Éditions du Chêne – Hachette Livre, Paris, veröffentlicht.

Text: Élisabeth Scotto
Fotos: Christine Fleurent
Umschlaggestaltung: Sabine Büchsenschütz

Druck und Bindung: Canale, Turin
Printed in Italy

ISBN 3-88472-308-1

HINWEIS

Alle Informationen und Hinweise, die in diesem Buch enthalten sind, wurden vom Autor nach bestem Wissen erarbeitet und von ihm und dem Verlag mit größtmöglicher Sorgfalt überprüft. Unter Berücksichtigung des Produkthaftungsrechts müssen wir allerdings darauf hinweisen, daß inhaltliche Fehler oder Auslassungen nicht völlig auszuschließen sind. Für etwaige fehlerhafte Angaben können Autor, Verlag und Verlagsmitarbeiter keinerlei Verpflichtung und Haftung übernehmen.

Korrekturhinweise sind jederzeit willkommen und werden gerne berücksichtigt.

Augenschmaus & Gaumenfreuden

Rezepte zum Sattlesen

»Die Desserts sind wirklich erlesene kleine Kostbarkeiten. Viele Schritt-für-Schritt-Fotos und reichlich Profitips für Grundrezepte und wichtige Handgriffe machen es auch Ungeübten möglich, diese Nobel-Desserts anzubieten.«

ekz-Informationsdienst

»Nur an wenigen Plätzen der Erde bekommt man so vollendet zubereitete Fische und Meeresfrüchte.« *Welt am Sonntag*

»Erfreulich: Alle Rezepte des kreativen Franzosen bestechen durch ihre Schlichtheit und eignen sich deshalb gut zum Nachkochen.« Westfalenpost

MICHEL ROUX
Desserts – Meine Leidenschaft
192 Seiten mit 154 Farbfotos und 33 farbigen Zeichnungen.

JEAN-CLAUDE GOUMARD
Das Fischkochbuch
Die besten Rezepte für Fische und Meeresfrüchte aus dem Restaurant Goumard-Prunier.
168 Seiten mit 136 meist großformatigen Farbfotos.

Die Früchte der Erde

Naturverbundenheit und Vielfalt der indianischen Eßkultur. Lebensweisheiten und ursprüngliche Lebensweisen der nordamerikanischen Indianer. Cherokee, Navajo, Sioux, Mohikaner, Irokesen, Comanchen und Hopi überlieferten die 150 Rezepte für dieses preisgekrönte Buch.

BEVERLY COX und MARTIN JACOBS
Das Indianerkochbuch
256 Seiten mit 50 großformatigen Farbfotos, zahlreichen s/w und farbigen Illustrationen und einer Landkarte.

Weitere Kochbücher aus dem Christian Verlag

ANNE WILLAN
Die große Schule des Kochens
Zutaten – Techniken – Rezepte
Grundkochbuch der Spitzenklasse von der Gründerin der Pariser Kochschule La Varenne.
528 Seiten mit mehr als 2500 Farbfotos.

EMANUELA STUCCHI
Vegetarische Rezepte aus Italien
130 phantasievolle Rezepte für Gemüse, Obst und Kräuter, Reis, Getreide und Hülsenfrüchte.
160 Seiten mit 85 Farbfotos.

CAMELLIA PANJABI
Currys – Das Herz der indischen Küche
50 delikate Currys und weitere 50 Rezepte für Gerichte und Beilagen, ohne die ein indisches Mahl unvollständig wäre. Tips für Menüzusammenstellungen und eine Einführung in die Philosophie der indischen Küche.
192 Seiten mit 80 meist großformatigen Farbfotos.

GUADALUPE RIVERA und MARIE-PIERRE COLLE
Fridas Fiestas
Die mexikanischen Feste der Frida Kahlo. Mit 145 Originalrezepten.
224 Seiten mit 96 meist großformatigen Farbfotos und 12 s/w Abbildungen.

STEVEN RAICHLEN
Typisch karibisch
70 Rezepte für Drinks, Gewürzmischungen, Marinaden, Salsas und Nationalgerichte.
144 Seiten mit 27 großformatigen Farbfotos.

HILAIRE WALDEN
Chutneys, Öle, Marmeladen
250 Feinschmeckerrezepte für Eingemachtes aller Art, von klassisch süß bis feurig scharf.
144 Seiten mit 110 Farbfotos.

CHUCK WILLIAMS und JOYCE GOLDSTEIN
Festliche Anlässe
Menüs, Weinempfehlungen und Tischdekorationen für gelungene Einladungen.
192 Seiten mit 216 Farbfotos und 68 Zeichnungen.

CHRISTOPHER FOULKES
(Herausgeber)
Larousse Weinenzyklopädie
608 Seiten mit 278 Farbfotos, 37 Karten und über 200 Diagrammen und Illustrationen.

DELIA SMITH
Kulinarische Sommerfreuden
Delia Smith holt die sommerlichen Zutaten in die Küche, würzt sie mit Kräutern, gibt einen Hauch von Mittelmeer dazu und präsentiert über 140 Rezepte, die die Essenz des Sommers einfangen.
224 Seiten mit über 50 meist großformatigen Farbfotos.

Eine kulinarische Reise um die Welt

Prachtvolle Bände über Land und Küche

Australien
Eine kulinarische Reise
Pascoe, Ripe, Johnson
ISBN 3-88472-270-0

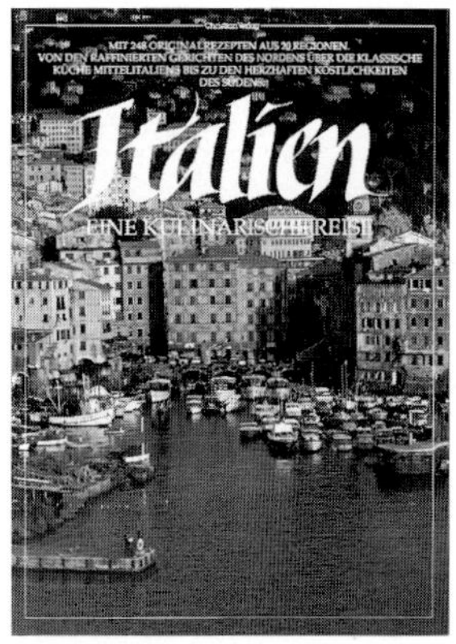

Italien
Eine kulinarische Reise
Lorenza de' Medici
ISBN 3-88472-152-6

Toskana
Eine kulinarische Reise
Lorenza de' Medici
ISBN 3-88472-212-3

Provence
Eine kulinarische Reise
R. Olney, J. Gantié
ISBN 3-88472-238-7

Frankreich
Eine kulinarische Reise
Comolli, Scotto, Carles
ISBN 3-88472-180-1

Amerika
Eine kulinarische Reise
Phillip Stephen Schulz
ISBN 3-88472-194-1

Mexiko
Eine kulinarische Reise
Susanna Palazuelos
ISBN 3-88472-202-6

Rund um das Mittelmeer
Eine kulinarische Reise
Goldstein, Algar, Johnson
ISBN 3-88472-265-4

Thailand
Eine kulinarische Reise
P. Poladitmontri, J. Lew
ISBN 3-88472-208-5

Asien
Eine kulinarische Reise
Jacki Passmore
ISBN 3-88472-144-5

China
Eine kulinarische Reise
Sinclair, Tan Lee Leng
ISBN 3-88472-139-9

Der amerikanische Südwesten
Eine kulinarische Reise
Fenzl, Kolpas, Armstrong
ISBN 3-88472-288-3

Jeder Band mit ca. 250 Originalrezepten. 256 Seiten mit ca. 240 Farbfotos und Landkarten. Großformat. Schuber.